Prólogo de
Marshall Goldsmith
Autor *bestseller* del *New York Times*

MARC EFFRON

8 PASOS PARA ALCANZAR MÁXIMO RENDIMIENTO

Concéntrate en lo que puedes cambiar (e ignora el resto)

TALLER DEL ÉXITO

Mucha gente ha contribuido a darle forma a mi manera de pensar y a enfocarme en el campo del alto rendimiento. Gracias a todos los que me han enseñado, desafiado, apoyado y guiado a lo largo de los años.
Mi mayor agradecimiento es para mi esposa, Michelle,
por su amor inquebrantable y su apoyo durante más de treinta años.

8 pasos para alcanzar máximo rendimiento

Título original: *8 Steps to High Performance*
Original work copyright ©**2018 Harvard Business School Publishing Corporation**
Published by arrangement with Harvard Business Review Press

Publicado por:
Taller del Éxito, Inc.
1669 N.W. 144 Terrace, Suite 210
Sunrise, Florida 33323
Estados Unidos
www.tallerdelexito.com

Editorial dedicada a la difusión de libros y audiolibros de desarrollo y crecimiento persoal, liderazgo y motivación.

Traducción y corrección de estilo: Nancy Camargo Cáceres
Diagramación: Joanna Blandon
Diseño de carátula: Joanna Blandón y Diego Cruz

ISBN: 978-1607385196

Impreso en Colombia - Printed in Colombia

20 21 22 23 24 R | CB 07 06 05 04 03

CONTENIDO

PRÓLOGO

— Marshall Goldsmith

Marc Effron, autor de *Leading the Way* y de *One Page Talent Management*, nos ofrece una hoja de ruta excepcional y útil para alcanzar nuestro mayor potencial y un nivel máximo de rendimiento en *8 pasos para alcanzar máximo rendimiento.*

Cuando Marc me comentó que se había basado en una declaración hecha por Peter Drucker, el padre de la administración moderna, para escribir este libro, supe de inmediato que me encantaría. Así como muchas de mis mejores ideas sobre liderazgo se basan en lo que aprendí personalmente de ese gran maestro, Marc también fundamentó este trabajo en la filosofía de Peter que sostiene lo siguiente: "No trates de cambiarte, pues es poco probable que tengas éxito en esa tarea, pero trabaja duro para mejorar tu desempeño".

Como su nombre lo indica, esta propuesta te sugiere ocho pasos y todos son importantes para alcanzar el objetivo de lograr ese nivel de rendimiento máximo que todos anhelamos. Sin embargo, un paso específico sobre el cual me encantaría adelantarte algo de información es el sexto: "Finge nuevos comportamientos". ¡Me encanta ese paso! Marc lo describe así: "El emprendedor de alto desempeño se concentra en mostrar los comportamientos adecuados y no su versión 'genuina' de sí mismo. Mediante esta lectura, aprenderás que los comportamientos fingidos funcionan —razón por la cual, a veces, generan mejores resultados que cuando te desempeñas según tu verdadero yo— y que lo más importante es saber detectar cuáles son aquellas situaciones en las que es determinante fingir un nuevo comportamiento".

Inspirado en el teatro, me refiero a esta actitud como "*showtime*". Cada noche, los grandes artistas vierten su corazón durante la función. Algunos tendrán dolor de cabeza; otros, problemas familiares, pero eso no importa. A la hora de actuar, aquellos cuyo nivel de rendimiento es óptimo entregan en el escenario todo lo que tienen para brindarles a los espectadores. Y aunque para ellos esa sea una de las miles de veces que han actuado esa misma parte, quizá para alguno de los asistentes que hacen parte del público sea la primera vez que los estarán viendo en acción. Por eso se dice que para el verdadero actor, cada función es como si fuera noche de apertura.

Y así como les sucede a los grandes actores, los grandes triunfadores también necesitan ser consumados intérpretes. Cuando necesitan motivar a otros en el cumplimiento de ciertas metas, mantener enfocados a quienes los rodean o construir equipos específicos para ejecutar determinados proyectos —pues de lo contrario, no lo lograrían—, ellos lo hacen. No importa si tienen dolor de cabeza, ni si tienen un conflicto personal. El hecho es que hacen lo que sea necesario para ayudarle a su organización a tener éxito comprendiendo que, cada vez que necesitan entrar "en acción", como las estrellas de Broadway, es *showtime*. Esa es una lección difícil de aprender, pero me la enseñaron los mejores líderes que he tenido la oportunidad de conocer hasta el momento y la aprendí muy bien.

Esta es solo una de las muchas lecciones que aprenderás con *8 pasos para alcanzar máximo rendimiento*, puesto que está basado en investigaciones e incluye autoevaluaciones que te servirán para medir tu progreso con respecto al nivel de rendimiento que estás tratando de alcanzar. En otras palabras, este es un libro con el más alto grado de aplicabilidad.

¡Sigue los ocho pasos que Marc te propone a lo largo de estas páginas y lograrás tu objetivo de convertirte en un performer con un nivel óptimo de rendimiento!

La vida es buena.

—Marshall Goldsmith

Autor reconocido internacionalmente y editor de treinta y cinco libros, incluyendo *What Got You Here Won't Get You There* y *Triggers*

PREFACIO

Me hubiera encantado que, en mi juventud, alguien me hubiera sentado y me hubiera dicho: "Marc, te voy a decir cómo ser un tipo cuyo nivel de rendimiento sea óptimo. Es verdad que algunas de las enseñanzas que te comparto llegarán a ti por simple lógica mientras que tal vez otras requieran de un esfuerzo significativo de tu parte. Quizá pienses que algunas te funcionarán a las mil maravillas y que otras no tanto, pero te prometo que todo lo que te diré te ayudará a elevar tu nivel de rendimiento y cuanto más pongas en práctica mis propuestas, más éxito tendrás".

Sin embargo, nadie me dio ese regalo y estoy casi seguro de que a muchos de ustedes tampoco. Ese es un infortunio, porque la falta de ese tipo de perspectivas hace que nuestro intento por lograr un nivel alto de rendimiento sea más desafiante de lo necesario. Como no sabemos qué es lo que se ha comprobado que funciona, hacemos nuestro mejor esfuerzo para clasificar los consejos que recibimos en cuanto al tema a través de libros, jefes, amigos y en internet. Cada uno podría ser altamente funcional, exacto o un desastre total; lo cierto es que es muy difícil saber cuál es el más acertado de todos; lo descubriremos solo hasta cuando los pongamos en práctica. Es así como, a menudo, nuestro intento por alcanzar un alto nivel de rendimiento se guía por pruebas y errores, cuando hacemos lo que creemos correcto y luego esperamos los mejores resultados.

Por eso es que es tan desafortunado el hecho de que no ocurran estas conversaciones que nos sirvan de guía, pues a través de ellas sabríamos con exactitud cuáles serían esas pautas que nos ayudarían a convertirnos en performers de alto rendimiento. Es cierto que existe una ciencia clara y concluyente que describe a la perfección cómo hacer para elevar nuestro nivel de desempeño al máximo en el campo laboral, pero todos sabemos que alcanzarlo no es cuestión de seguir instrucciones por medio de lugares comunes como "mantener la cabeza baja y trabajar duro", sino de realizar acciones específicas como por ejemplo, estableciendo la manera más dinámica de cumplir con ciertos objetivos, impulsarnos hacia los resultados requeridos o acelerar el crecimiento empresarial. Así que, si alguien sabe muy bien cómo lograr todas estas metas, ¿por qué no fomenta este tipo de conversaciones?

El desafío es que esas ideas poderosas, capaces de incrementar el nivel de rendimiento, se esconden en polvorientas revistas académicas y son como piezas individuales de un rompecabezas más grande, el cual hay que armar. El emprendedor promedio no posee un doctorado a nivel científico y, por lo tanto, es muy poco probable que se ponga en la tarea de buscar e investigar hasta encontrar tales pautas, ni a saber cómo ensamblar las muchas piezas hasta convertirlas en una imagen completa y coherente.

Quizá lo más desafiante es que estas ideas rara vez se presentan de una manera aplicable en el trabajo. Rara vez, cuando estas se encuentran en un libro o artículo, por lo general, fueron escritas por un consultor o periodista que entiende el tema, pero nunca ha tenido que aplicar el concepto al que se refiere en el mundo real. Lo que esto significa es que su consejo puede ser técnicamente preciso, pero, a menudo, ignora las realidades prácticas de las personas ocupadas, de las prioridades en el campo competitivo o de la falta de apoyo de ciertos jefes.

Si pudiéramos reunir estas grandes ideas, identificarlas, clasificarlas en orden de importancia y hacerlas prácticas, aplicables y fáciles de entender, estaríamos contribuyendo a que cualquiera se convierta en un performer con un nivel óptimo de desempeño. Así, lograríamos democratizar la posibilidad de llegar a obtener alto rendimiento al impartir pautas que estén a disposición de todos los interesados y no de unos pocos afortunados y privilegiados. Ese es el propósito de *8 pasos para alcanzar máximo rendimiento.*

Escribí este libro para que cualquiera que lo desee pueda llegar a tener un alto nivel de rendimiento. Como ejecutivo corporativo y consultor de gestión, he conocido demasiadas personas inteligentes, pero con bajo rendimiento porque hasta el momento no conocían o no creían en la efectividad de estos ocho pasos. Estos genios en potencia descarrilaron sus carreras al confiar únicamente en su abrumadora fuerza para alcanzar el éxito (por ejemplo, trabajando más duro; desarrollando sus habilidades aún más) y, al ignorar la eficacia de estos pasos, tropezaron contra una pared que les impedía aumentar su nivel de rendimiento. Otros rechazaron el gran consejo de construir una red de contactos o cambiar ciertos comportamientos porque no creían que así incrementarían su nivel de rendimiento. El hecho es que todas estas personas inteligentes y altamente capaces terminaron por desistir de su deseo por aumentar su desempeño y se perdieron de los maravillosos beneficios que trae consigo la posibilidad de convertirse en performers con óptimo nivel de rendimiento.

Pero antes de hablar de óptimo rendimiento, definámoslo. Se conoce que un triunfador está poniendo en práctica su óptimo nivel de rendimiento cuando está produciendo resultados y comportamientos constantes de incomparable calidad, sobre una base absoluta y relativa, por encima del 75%

de sus compañeros de cualquiera que sea la actividad en la que estén enfocados. Hay ciertas palabras en esa oración que valen un poco más de tu atención: por ejemplo, el término "constante" no significa que muestres un destello ocasional de brillo, ni que a veces te destaques en la realización de un proyecto. Significa que, por lo general, brillas con luz propia y te destacas. "Relativa" significa que tu desempeño suele ser mejor que el de otros y no solo superior a la meta que te trazaste. Si superas tu objetivo y todos tus compañeros también lo superan, eso es genial, pero todavía estás por debajo de tu máximo nivel de rendimiento en comparación con otros.

La jornada de ocho pasos

Si existen ocho pasos para alcanzar un nivel de rendimiento óptimo, una pregunta obvia sería ¿por qué no hay siete o nueve o veinticinco? Pues bien, a este respecto, te diré que llegar a la precisión de que eran ocho fue un viaje que comenzó con la publicación de mi último libro (con la coautoría de Miriam Ort), *One Page Talent Management (OPTM)*. Escribimos *OPTM* para ayudarles a los líderes de recursos humanos corporativos a entender qué se demostró como científicamente cierto acerca de crecer, alcanzar un nivel de alta calidad, desarrollar el talento y cómo implementar de la manera más sencilla posible todas esas premisas halladas durante la investigación. A los lectores les encantó la simplicidad de *OPTM* aunque esté basado en la ciencia y nosotros nos sentimos muy satisfechos como autores al ver que muchas empresas cambiaron su forma en que administraban sus talentos debido a nuestros consejos.

Sin embargo, casi de inmediato, comprendí que gran parte de esos consejos nunca llegaría al cliente más importante: el empleado. El objetivo no era que las empresas construyeran mejores procesos corporativos, sino que más empleados tuvieran éxito. Fue así como me di cuenta de que, si me conectaba directamente con el cliente y le mostraba cómo incrementar su rendimiento, estaría contribuyendo a complementar el arduo trabajo que las empresas estaban haciendo en esa área y les ayudaría a cerrar la brecha donde ellas se estaban quedando cortas. Así que: tú eres mi verdadero cliente.

Transcurrieron ocho años entre la publicación de *OPTM* y terminar de escribir *8 pasos*. Me dediqué de lleno a investigar en qué consiste la ciencia y la práctica del alto rendimiento. Mi objetivo era aplicar el concepto de "simplicidad basada en la ciencia" para identificar qué factores eran la prueba más fehaciente de alto rendimiento y determinar cuál era la forma más sencilla y fácil de aplicarlos. Esto significaba que todo lo que incluyera en *8 pasos* tendría que ser probado de manera concluyente y mejoraría el rendimiento individual. Para lograrlo, tuve que eliminar algunos conceptos novedosos con tal de asegurarme de que todo lo que incluiría en este libro funciona a la perfección.

Con el propósito de entender la ciencia, revisé la extensa labor académica y los diversos trabajos de investigación que realicé sobre rendimiento, los cuales utilicé como aportes al escribir *OPTM*. Por ejemplo, yo sabía que establecer grandes metas y hacer ajustes estratégicos que converjan con el perfil de determinada empresa son pruebas científicas que demuestran que de esa manera se puede mejorar el rendimiento individual. Era claro que el desarrollo individual también ejercía cierto impacto en el rendimiento a pesar de que había mucho menos ideas disponibles sobre cuáles son aquellas capacidades que debería desarrollar un performer o cómo hacer para incrementarlas.

En ese punto, las preguntas comenzaron a superar a las respuestas. Yo intuía que la comprensión y el desarrollo de ciertos comportamientos debían estar vinculados a la posibilidad de conseguir mayor rendimiento, pero ¿existirían comportamientos específicos que garantizaran un mayor rendimiento en cada situación? ¿Qué pasaría con el trabajo por medio de redes? La gente hablaba de que era valioso, pero ¿existiría alguna prueba de que ese modelo mejoraba el rendimiento individual? ¿Qué pasaría con las áreas como el sueño, el ejercicio y la nutrición?

La única forma de determinar qué incluir y qué excluir era leyendo la investigación académica sobre cada tema relacionado con el desempeño y decidir si se justificaba incluir esos hallazgos en el libro. Leí cientos de artículos y revisé miles de otros en temas que pudieran conformar o no la lista final. El nivel de prueba deseado que busqué para incluir un tema era un metaanálisis que concluía que, definitivamente, estas acciones mejoran el desempeño individual en el trabajo[1]. Esa validación del mundo real era crítica; estudios que utilizaran ratas y estudiantes de pregrado no fueron tenidos en cuenta.

Además de leer la literatura académica, estudié con total detenimiento los libros y artículos más populares sobre cómo mejorar el desempeño individual. La mayoría de ellos, hacía afirmaciones que quedaban rápidamente socavadas por su falta de pruebas científicas. Otros estuvieron cerca a ser considerados como ejemplos de negligencia profesional; se trataba de gente que debería haber sabido que se estaba fundamentando sobre bases incorrectas. Muy pocos de los conceptos que se encuentran en los libros y artículos más populares en el tema de los negocios, así como muy escasas charlas TED, hacían aportes serios respecto al tema de cómo incrementar el desempeño.

Así las cosas, resultó ser que, después de revisar miles de artículos sobre una multitud de temas, solo ocho temas cumplieron con mis estándares para ser incluidos en *8 pasos*. Si me preguntaras por qué nadie había resumido esta información antes, considera este esfuerzo. Brevemente, los ocho pasos son:

- Primer paso. Establece grandes metas: cómo establecer metas que generen mayor rendimiento.
- Segundo paso. Compórtate como un vencedor: qué comportamientos predicen mayor rendimiento en diferentes situaciones.
- Tercer paso. Crece más rápido: cómo aumentar más rápidamente tus capacidades más importantes.
- Cuarto paso. Conéctate: con quién conectarte y por qué.
- Quinto paso. Maximiza tu capacidad de adaptación: cómo entender y adaptarse a la estrategia de la empresa a la que pertenezcas.
- Sexto paso. Finge nuevos comportamientos: por qué a veces no debes ser la versión "genuina" de ti mismo.
- Séptimo paso. Involucra tu cuerpo: cómo administrar mejor tu cuerpo para alcanzar tu máximo nivel de rendimiento.
- Octavo paso. Evita las distracciones: cómo evitar tendencias administrativas que te distraigan en tu camino hacia mejorar tu nivel de rendimiento.

Personalmente, he visto que cada uno de estos pasos contribuye en la formación de performers exitosos en cada sector, industria y lugar del mundo; además, han sido probados a nivel científico. También he visto fallar a personas muy brillantes cada vez que deciden ignorar estas premisas tan fundamentales.

Por ejemplo, cuando fui parte del equipo de trabajo de un congresista de Estados Unidos, observé a dos candidatos inteligentes y capaces competir por la codiciada posición de jefe de personal. Uno de ellos, se enfocó en convertirse en un técnico experto sobre cómo elaborar y aprobar legislaciones. El otro, invirtió tiempo para conocer a profundidad a otros jefes de personal, aprender sobre el trabajo y construir una red de contactos fuerte y amplia que influyera en su futuro político. Cuando el congresista decidió a quién elegir como jefe de personal, la capacidad del candidato que se enfocó en establecer conexiones dinámicas y extensas (paso cuatro, "Conéctate") fue el factor diferenciador y ganador.

En otras circunstancias, como en consultorías a grandes y complejas empresas de todo el mundo, he visto ejecutivos quedarse atrás porque no entendieron que las nuevas estrategias de su empresa exigían que ellos también trabajaran de maneras más novedosas. En una entidad de salud bastante prestigiosa, el CEO había conducido a la compañía desde sus inicios hasta convertirla en una próspera compañía de $5 billones de dólares con más de cinco mil empleados. Su enfoque emprendedor, su capacidad para desafiar certeramente los procesos y su carisma personal habían sido cualidades cruciales en el éxito de la empresa. Desafortunadamente para él, el crecimiento de la compañía ahora requería de un líder que tuviera la habilidad de construir la infraestructura y la organización operativa necesaria para seguir prosperando aunque hubiera alcanzado semejante tamaño, pero él se negó a adaptar su estilo para que fuera acorde a las necesidades cambiantes de la empresa (paso cinco, "Maximiza tu capacidad de adaptación") y no solo perdió su trabajo, sino que además causó que otros ejecutivos también perdieran los suyos.

También he visto líderes que se convirtieron en emprendedores de alto rendimiento cuando dejaron de establecer quince o veinte metas y decidieron concentrarse en las pocas que en verdad eran más relevantes para su compañía en ese preciso momento (paso uno, "Establece grandes metas"). Otros líderes prefirieron una carrera que les brindara experiencias más desafiantes y se dieron cuenta de que los movimientos más grandes y arriesgados suelen acelerar el desarrollo profesional y laboral (paso tres, "Crece más rápido").

No son nuevos, pero se ha comprobado que funcionan

Tal vez, leas algunos de los ocho pasos y te digas a ti mismo: "¡Sé todo esto desde hace años!". Exactamente. El hecho de que los ocho pasos hayan sido comprobados una y otra vez también implica que no son nuevos. Más bien, son el producto de años de investigación conducidos por científicos inteligentes de todo el mundo que han probado que, sin lugar a dudas, cada paso funciona. Ese hecho debería hacerte sentir aún más confiado en el poder de los ocho pasos. La cuestión aquí es que muy pocos emprendedores y solo unas cuantas empresas conocen estos ocho pasos o si los conocen, no saben cómo llevarlos a la práctica para obtener los mejores resultados posibles.

La buena noticia es que está comprobado que estos ocho pasos aumentan el rendimiento y que es factible implementar todos y cada uno de ellos. Cada capítulo incluye asesoramiento específico y herramientas prácticas que te ayudarán a dar cada paso. Tu función es confiar en que son valiosos hoy y seguirán siendo valiosos durante años, porque están basados en la ciencia de mayor experiencia en el comportamiento humano. Mientras que las preferencias de las empresas en lo referente a gestionar a los miembros de sus equipos de trabajo son cambiantes y a corto plazo, las verdades fundamentales sobre el ser humano, su comportamiento y su rendimiento han venido evolucionando y asentándose con el paso del tiempo.

Quién se beneficiará de *8 pasos* para alcanzar máximo rendimiento

Cuando estaba escribiendo *8 pasos para alcanzar máximo rendimiento*, un colega con mucha experiencia en su campo me dijo que sería un poco embarazoso para él llevar consigo un libro sobre cómo ser un líder de alto rendimiento.

Después de todo, manifestó, a su edad ya debería "saberlo todo". Supongo que esa afirmación debería ser cierta si nos hubieran enseñado los ocho pasos cuando éramos jóvenes y tuvimos la oportunidad de ponerlos en práctica con regularidad a lo largo de nuestra vida. Desafortunadamente, hasta ahora, nadie ha revisado toda la ciencia sobre el desempeño humano, ni traducido sus hallazgos en pasos simples y prácticos.

La búsqueda de un mayor rendimiento vale la pena, no importa en qué etapa de tu vida, ni en qué circunstancia te encuentres. Puedes estar comenzando tu carrera y preguntándote cómo establecerte mejor en tu empresa o profesión. También puedes ser un profesional experimentado que no avanza tan rápido, ni se está desempeñando al nivel que quisiera. Quizá, tu nivel de rendimiento sea óptimo, pero no entiendes qué factores son determinantes en tu camino al éxito y podrían afectar tu futuro. Y a menos que seas el individuo de mayor rendimiento en tu industria o profesión, encontrarás, por lo menos, una propuesta en este libro que te ayudará a aumentar tu nivel de rendimiento.

Si bien espero que te beneficies personalmente de esta lectura, confío en que determines que los miembros de tu equipo se beneficiarían teniendo una copia. Es probable que muchos de los consejos que ofrezco se incorporen con la forma en que ya estás entrenando a tus empleados y puedas usar *8 pasos* para reforzar tus mensajes. Las evaluaciones y herramientas aquí propuestas les ayudarán a responsabilizarse aún más de la necesidad de aumentar su rendimiento.

Durante mis conferencias, mucha gente se acerca a mí con sus copias de este libro ya desgastadas y me cuentan que las usan como guía de referencia siempre que tengan preguntas sobre cómo gestionar talento. Espero que tú también utilices *8 pasos* de esa misma manera. Idealmente, será una referencia siempre lista que te proporcionará orientación o una herramienta o un consejo cada vez que lo necesites.

Acerca de tus límites tanto reales como aparentes

El subtítulo de *8 pasos* es "*Concéntrate en lo que puedas cambiar (e ignora el resto)*". Notarás que esa es la actitud reflejada a lo largo de estas páginas. Describiré con total exactitud todo aquello que te ayudará a ser un performer de alto desempeño y cómo aplicarlo en el área que desees. Te pediré que apartes cualquier clase de excusas y explicaciones de por qué no puedes alcanzar un alto nivel de rendimiento. Eso no significa que no entiendo los límites y las dificultades que cada uno afronta, ni que tengo preferencias con quienes se enfrentan a trabajos difíciles o a situaciones personales complicadas.

Quizá, tengas una vida hogareña desafiante, estés cuidando a un padre anciano, seas madre soltera o te sientas abrumado por la cantidad de asuntos que requieren de tu atención diaria. En tu trabajo, es posible que tengas un jefe difícil, un cargo que no te brinda estabilidad, compañeros desagradables o estés vinculado a una empresa en quiebra. Yo entiendo estos diversos desafíos y, si ese fuera tu caso, te preguntaría: ¿cómo podrías usar tu tiempo restante, tu atención y tu energía para ser un performer de mayor rendimiento? Elige el único paso que te sea posible dar hoy y, después de progresar en él, prosigue al siguiente. Tal vez, tu viaje hacia una vida de rendimiento óptimo avance con más lentitud que el de otros, pero, al menos, lo harás confiando en que avanzas por el camino correcto.

Acepta el reto

El camino para completar los ocho pasos es sencillo, pero no fácil. Requiere que desees con todas tus fuerzas ser un individuo de alto rendimiento, trabajar duro para lograr dar cada paso y evitar las distracciones que se te presenten en el camino. Sin embargo, los beneficios que recibirás harán que el trabajo duro y los sacrificios que hagas sean una inversión inteligente. Incrementarás tus posibilidades de ganancia, aprenderás más y ascenderás más rápido, obtendrás mayor exposición y oportunidades que no estarán disponibles para otros. Lo único que debes hacer es comprometerte a triunfar, creer en tus habilidades y dar los ocho pasos que te llevarán hacia las alturas.

8 pasos para alcanzar máximo rendimiento

INTRODUCCIÓN

Cómo ser un performer con un nivel óptimo de rendimiento

Hay quienes comienzan a desempeñarse en su trabajo con una clara ventaja en cuanto a su nivel de rendimiento con respecto a quienes los rodean. Quizá, porque son más inteligentes que otros; porque provienen de una mejor posición socioeconómica; porque son físicamente más atractivos o porque su personalidad es más encantadora y atrayente. Está científicamente demostrado que cada uno de estos atributos contribuye a que, quienes los poseen, se desempeñen a niveles más altos que quienes no los tienen. Según investigaciones académicas[1], esa combinación de ventajas influye hasta en el 50% del nivel de rendimiento individual, así que llamémoslas el "50% fijo", ya que, en gran parte, una vez que nos convertimos en adultos, dichas cualidades son inmutables.

Por supuesto, no hay garantía de que alguien con más de este 50% fijo de características a su favor será un performer con óptimo nivel de rendimiento. Esto solo significa que hay quienes comienzan su vida productiva con una ventaja bastante clara sobre los demás. Es un hecho que un emprendedor con alto coeficiente intelectual, activo y trabajador por naturaleza, de clase media o alta, que sabe ser empático con quienes lo rodean, iniciará su carrera con mayores probabilidades de ser un profesional de más alto rendimiento que otros. A lo mejor, fracase estruendosamente, pero no será porque no comenzó con ciertas ventajas bastante saludables y convenientes para él.

Pensarás que eso no es justo y a lo mejor termines por creer que tener un nivel de rendimiento óptimo en el trabajo que desempeñas está, en gran medida, fuera de tu control. Pero, por fortuna, ese es solo el 50% fijo. Por lo demás, tú controlas cada otro factor que impulsa tu nivel de rendimiento: desde tus capacidades y actitudes hasta el tamaño de tu red de contactos y el empeño que le pongas a tu desarrollo personal. En mi caso, yo conozco estos factores porque me dediqué a estudiar a miles de investigadores que han indagado acerca de todos y cada uno de estos controladores de rendimiento posibles, desde el establecimiento de metas hasta cómo medir la calidad de nuestro sueño. Así que, a todas estas áreas combinadas, las llamaremos el "50% flexible" y tú tienes el poder de moldearlas a tu voluntad.

El desafío para todo el que quiere ser un performer con un nivel óptimo rendimiento es ordenar esa abrumadora cantidad de información, identificar lo que realmente le interesa y comenzar a ponerlo en práctica. La ventaja con *8 pasos* es que aquí ya está simplificada toda esa voluminosa investigación y hallarás solo las pautas que, comprobadas científicamente, contribuyen a aumentar el nivel de rendimiento; y además, te indica paso a paso cuál es la mejor forma de aplicarlas y aumentar tu nivel de desempeño al máximo.

¿Por qué ser un performer con un nivel óptimo de rendimiento?

Una buena manera de comenzar a desarrollar el tema es respondiendo a la pregunta: "¿Cuál es el beneficio de ser un performer con un nivel óptimo de rendimiento?". Primero que todo, porque esta cualidad te permitirá obtener más de lo que tú consideres valioso en tu vida, ya sea flexibilidad en el uso de tu tiempo, poder, oportunidades, salario o reconocimiento. Además, te da la base para desarrollar una carrera exitosa y acceso a posiciones dentro de cualquier empresa a las que, de otra manera, no llegarías. Recibirás todos estos beneficios porque las organizaciones aman a los performers de alto desempeño, pues saben que, gracias a sus capacidades, son ellos quienes generan y sostienen a las empresas exitosas, así que estas trabajarán duro para identificarlos y se dispondrán a darles más tiempo, mayor atención, mejores oportunidades de desarrollo y más altas compensaciones con tal de asegurarse de que ellos se sientan comprometidos con la empresa al punto de no querer irse a ninguna otra.

En pocas palabras, cualquier inversión adicional que haga la compañía para retener a sus genios de alto rendimiento es una opción inteligente porque la ciencia dice que, en cualquier lugar en el que ellos se desempeñan, producen entre el 100% y 500% más que sus compañeros de trabajo promedio o por debajo del promedio[2]. Y como ellos contribuyen más, también es justo que obtengan más. Eso no significa que los trabajadores con un desempeño promedio valgan menos, pero es poco probable que reciban los mismos beneficios que aquellos que demuestran que su desempeño es óptimo.

Como empleado, tú también deberías preocuparte por que tu nivel de desempeño sea óptimo, así tendrás mayores posibilidades de ascenso. Y si no las hay, ten la certeza de que estarás mucho mejor posicionado que los demás.

Si crees que tu organización es diferente, que valora a todos sus empleados por igual y que el alto rendimiento de su personal no es su principal preocupación, consideremos un estudio reciente sobre cultura corporativa publicado en *Harvard Business Review*, durante el cual se les solicitó a más de 250 empresas que seleccionaran su estilo de cultura dominante de entre ocho categorías que incluían culturas caracterizadas bien fuera por el nivel de compromiso, propósito, ambiente agradable y otros aspectos similares. El 89% de esas empresas definió su estilo de cultura dominante de acuerdo con los "resultados"[3]. Resultados significa rendimiento. Los estilos de cultura caracterizados por propósito o aprendizaje fueron seleccionados por solo el 9% y el 7% de las empresas encuestadas. Estos resultados refuerzan el hecho de que, para casi todas las organizaciones, su enfoque primordial es asegurarse de obtener el máximo de rendimiento.

Yo también sé cuánto valoran las empresas el alto rendimiento, puesto que mi labor es aconsejar sobre este tema a las más grandes y complejas organizaciones del mundo. Nuestra firma consultora crea estrategias para identificar performers cuyo nivel de rendimiento sea óptimo para ayudarles a desarrollarse en su campo y mantenerlos lo más comprometidos posible. Las empresas entienden los beneficios masivos que ellos producen y quieren tener cada vez más de ellos en sus equipos de trabajo. Por esa razón, están dispuestas a invertir seleccionando y aumentando su personal talentoso y a nivelar (que normalmente significa despedir) a aquellos que nunca llegarán a producir alto rendimiento.

¿Qué es realmente cierto con respecto al alto rendimiento?

Cuando intentas entender qué es lo que realmente está comprobado que aumenta el rendimiento, es fácil distraerte con el bombardeo diario de historias no científicas sobre el tema (*"Relax Like a Pro: 5 Steps to Hacking Your Sleep"*) y con todos esos enlaces que sirven como carnada para preguntar si acciones como morirnos de inanición nos ayudarán a permanecer más enfocados en nuestro trabajo[4]. (Nota: La respuesta de investigadores de la Universidad de Yale a esa pregunta fue sí).

Típicamente, esas historias tienen poco que ver con la ciencia real o presentan fuera de contexto uno o dos hallazgos realizados. Por lo tanto, no brindan ninguna orientación práctica sobre cómo llevar a la práctica esas perlas informativas.

Debido a esto, vale la pena ser cautelosos incluso cuando alguien nos dice que cierta teoría respecto al tema del alto rendimiento está "comprobada científicamente". En *Outliers*, escrito por Malcolm Gladwell y *bestseller* de *The New York Times*, el autor presenta un capítulo basado en una investigación científica que afirma que cualquiera podría dominar una habilidad mediante diez mil horas de práctica[5]. Los medios de comunicación difundieron esa afirmación y ha sido citada más de seis mil veces en libros y artículos académicos. Desafortunadamente, no es cierta y otros científicos se apresuraron a demostrar que menos de un tercio del desempeño de las personas se debe a sus horas de práctica[6].

Si quieres ser un performer de óptimo rendimiento, te recomiendo que seas mesurado con respecto a este tipo de afirmaciones y, para evaluar si una aseveración sobre alto rendimiento es creíble, trata de ubicarla dentro de una de las siguientes tres categorías: ¿es investigación, ciencia o ciencia concluyente? Tendrás que decidir qué nivel de prueba necesitas hacer para darle credibilidad a la aseveración en cuestión.

- ***Investigación:*** a menudo, ciertas firmas consultoras realizan estudios e informan sus resultados de tal manera que estos apoyen el producto o servicio que sus clientes venden. Quizá, sus hallazgos sean ciertos, pero no hay una verificación realizada por parte de otras fuentes, pues estas firmas consultoras suelen no permitir que nadie verifique si sus afirmaciones son ciertas o no.
- ***Ciencia:*** un consultor realiza un experimento cuidadosamente diseñado para probar una hipótesis (por ejemplo, que si una empresa selecciona a sus candidatos a un cargo basándose en su inteligencia, obtendrá empleados con mayor nivel de rendimien-

to) y luego, publica sus investigaciones, el proceso y los hallazgos realizados en una revista académica revisada por sus colegas, quienes leerán sobre dicho experimento y sacarán sus propias conclusiones con respecto a los hallazgos presentados.

- ***Ciencia concluyente:*** otros científicos conducen el mismo experimento descrito decenas o cientos de veces y, casi siempre, los resultados son los mismos. Esta es una evidencia bastante fuerte de que las conclusiones son confiables y, por lo tanto, constituye el nivel más verídico de dicha prueba.

Cada uno de los ocho pasos presentados a lo largo de estas páginas está basado en ciencia concluyente. Utilizo los términos "ciencia" o "investigación" cuando me refiero a conceptos o ejemplos ubicados dentro de esos estándares más bajos de la prueba en cuestión. He incluido cientos de citas para que tengas la posibilidad de revisar la investigación, la ciencia o la ciencia concluyente que prueba el óptimo nivel de los resultados producidos por estos ocho pasos propuestos.

Los ocho pasos

¿Qué aspectos, de los que están científicamente comprobados, podrías controlar con el fin de incrementar tu nivel de rendimiento? La ciencia concluyente sugiere ocho pasos que te ayudarán a llegar a convertirte en un performer con un nivel óptimo de desempeño:

- **Primer paso:** establece grandes metas. Las metas tienen un poder increíble para enfocarnos y entusiasmarnos; existen muchos cargos y posiciones motivantes para la gente que demuestra alto rendimiento. Te explicaré cómo identificar cuáles son esos pocos objetivos sobre los que en realidad necesitas enfocarte cuando se trata de expandir tus expectativas basándote en tu capacidad de rendimiento.

Aprenderás a identificar cuál es ese tipo de entrenamiento ideal que te llevará a alcanzar tu nivel de desempeño más elevado.

- **Segundo paso:** compórtate como un vencedor. No todas las conductas son iguales, ni generan resultados iguales. Aprenderás qué conductas modelar, cómo evitar salirte de tus casillas y cómo cambiar esos comportamientos que generan bajos resultados por aquellos que te llevan a ser un performer de alto rendimiento. También aprenderás cómo identificar los comportamientos que más valora la empresa a la que pertenezcas.
- **Tercer paso:** crece más rápido. Tendrás mayor posibilidad de convertirte en un performer de alto desempeño si demuestras óptimas capacidades en las áreas de mayor interés para la empresa a la que perteneces. Aprenderás en qué consiste el equilibrio ideal entre experiencia, educación y retroalimentación; así, acelerarás tu desarrollo e irás construyendo tu propio mapa de experiencia personal que te servirá para acelerar y guiar tu proceso de crecimiento y desarrollo.
- **Cuarto paso:** conéctate. Este viejo refrán no es completamente cierto, pero hay algo de verdad cuando se dice que lo importante no es a quiénes conozcas, sino qué tan fuertes son tus relaciones interpersonales. Aprenderás cómo construir una red de contactos poderosa tanto dentro como fuera de tu lugar de trabajo, incluso si tu naturaleza introvertida hace que tu característica principal sea el temor.
- **Quinto paso:** maximiza tu capacidad de adaptación. La gente produce más cuando se "ajusta" a su ambiente de trabajo; eso significa que el hecho de no saber adaptarse puede convertir a un performer

con un alto potencial de rendimiento en un trabajador con resultados mediocres. Aprenderás cómo identificar los escenarios en los que mejor te adaptas y cómo hacerlo en aras de incrementar tu nivel de desempeño.

- **Sexto paso:** finge nuevos comportamientos. Es posible que hayas escuchado o leído sobre cómo ser un líder "genuino" o "auténtico". Eso es cierto, pero aquí te explicaré por qué ser tu versión "fingida" de ti mismo es a veces una mejor opción cuando se trata de obtener mayor rendimiento y cómo ajustar tus comportamientos a los que serían ideales para lograr mayor éxito en los diferentes puntos de tu carrera.
- **Séptimo paso:** involucra tu cuerpo. Tu cuerpo juega un papel poderoso en tu capacidad de desempeño y es la única palanca para ejercer esta función que controlas por completo. Aprenderás como el sueño es la base del rendimiento óptimo y cuáles son los efectos sorprendentes del ejercicio y la dieta.
- **Octavo paso:** evita las distracciones. Identifica qué consejos —no importa cuán populares, ni en cuántos libros famosos los hayas leído— no son útiles y podrían representar un desafío. Este octavo paso te muestra cómo identificar y evitar ciertas tendencias de rendimiento que sugieran respuestas fáciles a preguntas de desempeño difíciles que lo único que logran es distraerte de poner en práctica estos pasos ya comprobados.

Me han preguntado qué tema debería haber incluido en este libro y, sin embargo, no lo incluí. La respuesta es el tema del ejercicio. Lo digo porque, antes de leer la voluminosa investigación que terminé haciendo a ese respecto, hubiera jurado que existía una relación bastante estrecha entre estar en excelente estado físico y ser un performer de alto rendimiento. Y aunque el hecho de estar en mal estado baja indirectamente nuestro nivel de rendimiento debido al aumento de problemas relacionados con la salud, resulta que las continuas visitas al gimnasio cada semana no beneficiarán significativamente a ninguna otra parte de nuestro cuerpo que no sea nuestra cintura.

Los ocho pasos son sencillos, pero no fáciles. Requieren que tengas suficiente interés, compromiso y pasión para ser un performer de alto rendimiento. Si esa es tu meta, te ayudaré a dar cada paso. Un buen punto de partida es entender cuáles pasos ya has dominado y cuáles deberías seguir practicando hasta dominarlos. La siguiente tabla te servirá para hacer una breve auditoría de los ocho pasos y te dará una idea clara de dónde te encuentras respecto a cada uno de ellos. (Ver Tabla I-1).

Tabla I-1

Breve auditoría de los ocho pasos: ¿dónde te encuentras?

Instrucciones: este debe ser un proceso simple. "Sí" significa que, definitivamente, lo harás. "No" significa que no lo harás.

Los ocho pasos

Sí/No **Mentalidad de alto rendimiento:** reconozco que para ser un performer de alto rendimiento se requiere de tiempo adicional, esfuerzo y sacrificio personal.

Sí/No **Primer paso - Establece grandes metas:** tengo algunas metas grandes y desafiantes en mi trabajo y con regularidad busco entrenamientos que me ayuden a incrementar mi nivel de rendimiento.

Sí/No **Segundo paso - Compórtate como un vencedor:** entiendo cómo mi personalidad y ciertos "descarriladores" afectan mi rendimiento. Por lo general, busco ideas para mejorar mis comportamientos.

Sí/No Tercer paso – Crece más rápido: he identificado los datos y las experiencias específicas que acelerarán mi crecimiento laboral y estoy en la actitud de buscar activamente la siguiente experiencia clave.

Sí/No Cuarto paso – Conéctate: trabajo para mejorar la eficacia de mis conexiones clave dentro y fuera de mi organización.

Sí/No Quinto paso – Maximiza tu capacidad de adaptación: sé qué capacidades y comportamientos valorará más mi empresa en los próximos dos a cuatro años y estoy transformándome para alinearme mejor con esa nueva perspectiva empresarial.

Sí/No Sexto paso – Finge nuevos comportamientos: ajusto mis comportamientos según sea necesario para optimizar mi rendimiento en lugar de siempre tratar de ser la versión "genuina" de mí mismo.

Sí/No Séptimo paso – Involucra tu cuerpo: optimizo mis horarios de descanso y ejercicio para mantener un alto nivel de rendimiento y uso las estrategias comprobadas por la ciencia para compensar mi nivel de rendimiento cuando no logro que sea tan alto como quisiera.

Sí/No Octavo paso – Evita las distracciones: soy un asiduo consumidor de asesoría en el área de rendimiento y solo hago lo que está científicamente probado que me ayudará a convertirme en un performer de óptimo rendimiento en mi trabajo.

Si contestaste que no, haz una lista de los tres pasos principales en los que más te gustaría avanzar. Puedes comenzar a leer cualquier paso, así que considera leer estos pasos primero.

Mi primera área de prioridad es el paso #_______

Mi segunda área de prioridad es el paso #_______

Mi tercera área de prioridad es el paso #_______

Lo que debes saber sobre el 50% fijo

Si bien los ocho pasos te convertirán en un performer de alto desempeño, también son útiles para entender cómo este 50% de factores fijos, como la personalidad, influencia tus comportamientos y tu rendimiento. Entonces, entenderás cuáles de los ocho pasos son innatos en ti y cuáles requerirán de un mayor esfuerzo de tu parte. Y aunque este 50% fijo les da a algunas personas el *potencial* para alcanzar un mayor rendimiento, no lo garantiza.

Por ejemplo, si estás participando en una carrera de 100 metros y otros tres corredores comienzan 2, 5 y 10 metros más adelante que tú, cada uno tiene una ventaja de partida. Sin embargo, después de que suene la orden de arranque, la preparación, la motivación y la habilidad de cada uno de los competidores serán las que decidirán quién de los cuatro avanzará más lejos y más rápido. Si tú has entrenado más, te has alimentado mejor y entiendes el mecanismo de la carrera mejor que los demás, lograrás recuperar la ventaja que tus contrincantes te tomaron al comienzo de la competencia y ganarás la carrera.

Recuerda: la inteligencia, la personalidad básica, el cuerpo y el nivel socioeconómico conforman el 50% de los factores fijos e incontrolables que intervienen en el nivel de desempeño de todo individuo.

Tu inteligencia

Culpa a tu mamá y a tu papá por esto, pero tu nivel de inteligencia (medido por el coeficiente intelectual) se hereda en un 50% y predice hasta el 25% de tu desempeño[7]. La inteligencia es el mayor predictor de rendimiento y es el doble de potente que cualquier otro elemento. La buena noticia es que si tu coeficiente intelectual está en el promedio alto (110–119 en una prueba de CI), es probable que seas lo suficientemente inteligente como para ser un performer de alto desempeño en muchos campos de acción. El CI promedio de los estudiantes graduados a nivel universitario es 115[8]. El CI alto importa más si tu trabajo es complejo (es decir, a nivel científico), pero un CI demasiado alto podría convertirte en un ejecutivo menos efectivo[9].

La inteligencia está entre las cualidades pertenecientes al 50% fijo porque, cuando llegamos a nuestra adolescencia, ya ha alcanzado su máximo desarrollo. Es obvio que todavía seguimos aprendiendo después de esa etapa, pero nuestro nivel de inteligencia no cambia de manera significativa. Si crees que sabes más ahora que cuando tenías 18 años, eso es cierto, pero irrelevante. Considera el chip de procesamiento versus la memoria de una computadora. El chip se ordena a través de los datos para que pueda completar una actividad y operar, pero no más alto que su velocidad preestablecida. Ese chip de procesamiento es como tu inteligencia. Hay una velocidad máxima con la que puedes procesar la información. El chip de memoria de tu computadora tiene capacidad para almacenar grandes cantidades de información e incluso agregar más fichas (más conocimiento) para almacenar más información. Esos chips de memoria son tu conocimiento. Con el tiempo, podrás agregar más fichas, pero la velocidad con la que lograrás procesar información (tu inteligencia) no dará un cambio significativo.

Tu personalidad básica

Otro regalo de tus padres es tu personalidad básica, que, al igual que la inteligencia, es heredada en un 50%. Tu personalidad está formada por lo que hayas experimentado a lo largo de tus primeros 20 años y cambiará ligeramente con el tiempo, pero se establece en gran parte a medida que ingresas al mundo laboral [10].

Utilizo el término "personalidad básica" porque, aunque esta guía tus comportamientos, eres tú quien controlas por completo tu modo de comportarte. Por ejemplo, si eres extrovertido por naturaleza, quizá te hayan dicho al principio de tu carrera que hablas mucho en las reuniones de equipo y que necesitas darles a los demás la oportunidad de participar. Por lo tanto, tú corregiste ese comportamiento, pero tu personalidad básica no cambió. Lo que ocurrió fue que aprendiste a comportarte de manera diferente. Tu rasgo principal, que es una personalidad extrovertida, significa que estás naturalmente orientado a comportarte de cierta manera, no que no puedas comportarte de manera diferente. Esa *elección* de cómo te comportas marca una diferencia crucial entre tu personalidad básica y cómo la gente te percibe en tu trabajo.

Tu cuerpo

El hecho de que tu cuerpo influye en tu habilidad para triunfar cae por completo en la categoría de lo que "no es justo" en la vida. Las personas altas, como los adolescentes, o los adultos que gozan de una mayor estima social y de mayor capacidad de rendimiento, devengan un 1% y 2% adicional de ingresos por cada pulgada adicional de la estatura promedio [11]. Dado esta persistente y bien conocida relación, algunos científicos han incluso sugerido cobrarles más impuestos a estas personas altas para equilibrar sus injustos y "no devengados ingresos"[12].

La belleza también cuenta. Hay personas más atractivas que ganan más y son vistas como más inteligentes aunque existe muy poca relación entre la apariencia y la inteligencia[13]. El peso es otro factor que reduce la probabilidad de que las personas más pesadas de lo normal sean contratadas y consideradas como performers de alto rendimiento[14]. El género no afecta las calificaciones en cuanto a desempeño; por lo general, las mujeres reciben calificaciones un poco más altas que los hombres, pero más bajos aumentos salariales[15]. El sesgo racial se produce a nivel mundial y, a pesar de los elogios positivos y de abundantes inversiones, es omnipresente y no desaparece tan rápido como quisiéramos.

Una vez más, todo eso es injusto, pero ten en cuenta que Mahatma Gandhi tenía 4.5 pies de estatura y Bono, la estrella de rock, tiene 5.7. Existe una relación entre la estatura alta y los ingresos, pero esta cualidad no necesariamente te garantizará altos ingresos. Más mujeres y minorías están ocupando (lentamente) cargos en la posición de CEO. En cuanto a la belleza, las oficinas ejecutivas están llenas de personas de alto rendimiento que nunca se rendirán. La portada de *Vogue* y *GQ* siguen luchando contra todos estos sesgos injustos, pero trabajan duro para dominar el controlable y flexible 50%.

Tu contexto socioeconómico

Tu trasfondo socioeconómico es uno de los mejores predictores de tus logros académicos; predice tanto tus capacidades futuras como las escuelas y universidades a las que es muy probable que asistas[16]. Si asistes a una escuela altamente calificada, es probable que tengas profesores de mejor calidad, compañeros de clase más inteligentes y un mayor rango de oportunidades de trabajo después de tu graduación, que alguien que asiste a una escuela o universidad de rango inferior. Eso es injusto, incontrolable y no vale la pena preocuparse al respecto después del día de graduación.

Los factores que conforman el 50% fijo son poderosos y en gran parte inmutables, pero son responsables de, como máximo, el 50% de tu nivel de desempeño. Probablemente, haya cientos de otros obstáculos que te impidan desarrollar el nivel óptimo de desempeño del cual eres capaz en el campo laboral: un mal jefe, una economía desafiante, falta de apoyo de tus compañeros de trabajo, mala suerte, pero el camino hacia el alto rendimiento es permanente. Mirando el 50% flexible frente al 50% fijo, está claro que tú tienes bajo control una cantidad asombrosa de factores que influyen en tu nivel de rendimiento. (Ver Figura I-1). Si ejecutas bien los ocho pasos, lograrás un nivel de desempeño increíblemente alto en el trabajo y superarás cualquier 50% de desventajas fijas al inicio del camino.

Figura I-1

El 50% flexible frente al 50% fijo

El 50% flexible (cambiable)

- ¿Cómo te fijas metas?
- ¿Cómo te comportas?
- ¿Cómo te desarrollas?
- ¿Cómo te comunicas con los demás?
- ¿Cómo te presentas?
- ¿Cómo manejas tu sueño?

El 50% fijo (inmutable)

- Tu inteligencia
- Tu personalidad básica
- Tu trasfondo socioeconómico
- Tu raza / género / apariencia física básica

Respecto a convertirte en un performer con un nivel óptimo de rendimiento

Algunos otros aspectos a considerar durante tu viaje hacia un nivel óptimo de rendimiento incluyen esfuerzo y equilibrio, alto potencial, rendimiento relativo, saber depender de ti mismo y salirte de tu propio camino.

Esfuerzo y equilibrio

Lograrás un nivel óptimo de rendimiento solo cuando tengas una mentalidad de óptimo rendimiento. Esa mentalidad consiste en estar dispuesto a desarrollar una ventaja competitiva por medio del esfuerzo y priorizando tu nivel de desempeño en el trabajo por encima de otras opciones. El constante debate sobre la intersección del trabajo y las actividades no laborales cuestiona la posibilidad de "tenerlo todo". La premisa de que es posible tenerlo todo es desafiada por cualquier definición típica de "todo". La búsqueda de alto rendimiento significa intentar maximizar tu éxito en el trabajo. Eso hace que resulte muy difícil maximizar cualquier otra actividad que consuma tiempo. Es posible dividir tu tiempo en la forma que desees, pero una porción más grande en un área requiere que, necesariamente, quede disponible una porción más pequeña en otra área.

Los performers de óptimo rendimiento suelen trabajar más horas que los performers promedio. La lógica simple explica por qué. Si dos performers igualmente capacitados y motivados se involucran en la misma actividad y uno de ellos emplea el 25% más de su tiempo practicando, es indudable que él producirá más resultados que el otro. Todo ese tiempo adicional que él invirtió practicando creó un ciclo virtuoso en el que más práctica significa que se ha producido más aprendizaje, razón por la cual él se ha ido volviendo cada vez más capaz y en el futuro terminará siendo un performer con más alto rendimiento debido a sus horas adicionales de práctica, hecho que lo dará a conocer dentro de la organización, por lo cual recibirá oportunidades adicionales para mostrar sus habilidades. Así, podría obtener más exposición frente a líderes de alto nivel que quizá le sirvan como patrocinadores o mentores. Su éxito no está garantizado porque haya trabajado más horas, pero será más probable que tenga éxito que quienes trabajen menos horas que él.

De vez en cuando, escucho la queja: "¡Soy muy eficiente en el trabajo! ¡Tengo la capacidad de desarrollar en 40 horas lo que otros logran en 50!". Eso puede ser cierto, pero tiene un costo, pues, cuando la gente dice que es más eficiente, a menudo menciona que elude las actividades sociales como chatear con otras personas en la sala de descanso o que suele trabajar desde casa para evitar las distracciones de la oficina. Si bien estos comportamientos hacen que ese performer sea más eficiente durante el total de horas que pasa en su trabajo, es igualmente cierto que no está construyendo las relaciones que necesitará para tener éxito y avanzar al interior de la organización.

Además, si logra la misma cantidad de resultados en menos tiempo que su compañero de trabajo, no es un performer de óptimo nivel de rendimiento, sino un trabajador eficiente. No ha entregado nada más que el promedio. Es un ejecutante promedio muy rápido. Más horas invertidas significa más tiempo que esa persona podría dedicarle a todos los pasos para llegar a ser un performer de alto rendimiento. Ser eficiente es grandioso, pero aun así, debes obtener más y mejores resultados que otros para alcanzar un nivel óptimo de rendimiento.

El alto rendimiento laboral requiere que priorices tu rendimiento en el trabajo sobre otras actividades. Puedes ser flexible en cuanto a cómo y dónde aplicar estas horas adicionales, pero más horas, hasta un punto, son un ingrediente esencial en el alto rendimiento.

Alto rendimiento no es igual a alto potencial

Muchas personas confunden alto rendimiento (hacer su trabajo excepcionalmente bien hoy) con alto potencial (poder hacer trabajos más grande y complejos mañana). Si bien ser un performer de alto rendimiento es necesario para ser considerado de alto potencial, ese solo es el primer paso. El alto rendimiento de hoy solo predice el alto rendimiento de mañana en situaciones similares. Si hoy eres un gran programador, es muy probable que seas un gran programador mañana y tal vez hasta aprenderás otros códigos de lenguaje. Sin embargo, tu fortaleza en el área de la codificación no predice que también seas capaz de administrar a otros programadores, ni dirigir un equipo de arquitectura que se desempeñe en el campo de la tecnología de la información, ni sobresalir en cualquier otro rol como técnico.

El rendimiento es relativo

No es solo tu propio rendimiento lo que te hace un performer de alto rendimiento, pero sí es comparable con el nivel de rendimiento de otros. Supongamos que Susie y tú tienen territorios de ventas similares y los mismos productos para vender. Tú alcanzaste el 125% de tu objetivo. ¡Gran trabajo! Sin embargo, Susie llegó al 150% del suyo. Tú tuviste un gran año, pero Susie tuvo un año mejor que el tuyo —su nivel de desempeño es más alto que el tuyo. Eso no significa que tú debas tratar a tus compañeros de trabajo como competidores, pero sí debes reconocer que el verdadero estándar de rendimiento se mide por la forma en que este se compara a los resultados más altos. Serás evaluado no solo por lo que logres, sino también en relación con lo que otros logran. Será así a lo largo de tu vida y lo mejor es reconocerlo y aceptarlo. Tú no tienes que ser el mejor en todo. Solo recuerda que alguien más está tratando de ser el mejor en todo lo que tú haces.

Dependiendo de ti mismo

Tal vez, crees que tu compañía te dará (o debería darte) el soporte, la orientación y las herramientas para convertirte en un performer con un nivel óptimo de desempeño. Algunas compañías lo harán y otras no, pero es una estrategia riesgosa manifestarle tu nivel de rendimiento y tus éxitos a tu empleador. El primer paso a dar, antes de elegir cualquiera de los ocho pasos que encontrarás en este libro, es reconocer que tú eres el principal responsable de tu alto nivel de desempeño.

Desviándote del camino

¿Has escuchado a alguien decir: "Él es su propio peor enemigo?" Ese es un maravilloso resumen de cómo a veces nuestro cerebro trabaja contra nosotros mismos cuando somos performers de alto rendimiento. La función principal de tu cerebro es asegurarse de que sobrevivas y, más allá de centrarse en buscarte comida, refugio y pareja, este trabaja muy duro para preservar tu autoimagen y tu autoestima[17], pero este intento te genera algunos desafíos y barreras que te impiden mejorar tu nivel de desempeño, incluyendo:

- Externalizamos el fracaso: somos propensos a darnos crédito por nuestros éxitos y culpar a otros por nuestros fracasos. Si tuviste un gran año de ventas, fue porque tú hiciste un gran esfuerzo y tú trabajaste duro en tus habilidades interpersonales. Si no lo tuviste, fue porque el territorio que te asignó tu jefe era demasiado grande, demasiado pequeño, demasiado pobre o demasiado competitivo. Este sesgo egoísta hace que sea difícil evaluar con honestidad tanto nuestro desempeño como nuestros comportamientos[18].

• Les asignamos intenciones erróneas a las acciones de los demás: "¡María hizo eso para hacerme quedar mal en la reunión!". Este es un ejemplo de cómo les asignamos un propósito a las acciones de quienes nos rodean, incluso aunque esa no haya sido su verdadera intención. Quizá, lo que María dijo en la reunión fue para probar un punto que ella creyó importante y ni siquiera estaba pensando en ti al manifestar su punto de vista. Cada vez que llegamos a esas falsas conclusiones, estamos cometiendo lo que se conoce como error fundamental de atribución, el cual daña las relaciones y erosiona la confianza interpersonal que hace parte de nuestro rendimiento[19].

• Ignoramos información que podría guiarnos a actuar acertadamente: si fuéramos seres humanos perfectamente racionales y quisiéramos mejorar nuestro rendimiento, consideraríamos con sumo cuidado cada información que recibimos sobre nuestro desempeño. Sin embargo, es extraño, pero nuestro cerebro trabaja contra nosotros porque busca información que refuerce nuestra autoimagen e ignora aquella que no contribuya a esa causa. Estamos rodeados de información que podría ayudarnos a mejorar nuestro nivel de desempeño, pero, a menudo, perdemos la oportunidad de conocerla y procesarla; de escucharla y aplicarla. Eso se llama confirmación parcial y nos brinda una visión muy inexacta de cómo nos comportamos y actuamos, y de cómo nos perciben los demás[20].

Si bien estos sesgos disparan tu rendimiento, una vez que los reconozcas, te servirán para reducir radicalmente su influencia en tu vida. Nos ocuparemos en cómo hacer esto en el segundo paso, "Compórtate como un vencedor".

Alcanza tu teórico máximo de rendimiento

Los científicos que estudian la biomecánica del cuerpo humano nos ofrecen un gran punto de referencia sobre cómo alcanzar un nivel óptimo de rendimiento en cualquier campo —teórico máximo de rendimiento. Esa es la cantidad teórica máxima de peso que alguien puede levantar si su estado físico, su nutrición, nivel de adrenalina y así sucesivamente, está en perfecta armonía. Es imposible levantar esa cantidad de peso, pero el concepto de teórico máximo nos ayuda a entender que tu máximo rendimiento va mucho más lejos de lo que hoy rindes.

Por ejemplo, cuando un levantador de pesas promedio va al gimnasio, lo máximo que levanta es el 65% de su teórico máximo. Por lo general, los levantadores de pesas altamente entrenados levantan sobre el 80% de su teórico máximo. En las competencias olímpicas, los levantadores de pesas a menudo alcanzan el 92% o el 93% de su teórico máximo. Es decir que pueden levantar un 50% más que el levantador promedio, pero, lo que es más importante, casi el 15% más de lo que levantan los levantadores con alto nivel de desempeño[21].

Piensa en tu desempeño en el trabajo de la misma manera. ¿Qué tan cerca estás de llegar a tu teórico máximo de rendimiento si aplicas perfectamente lo que sabemos sobre el rendimiento humano? Este libro, *8 pasos*, se ocupa de ayudarte a pasar de hacer un gran esfuerzo a lograr tu teórico máximo de rendimiento. Cuando termines este libro, comprenderás qué factores te ayudarán a avanzar hacia ese punto y cómo aplicarlos mejor. Así como los levantadores de pesas, tú también aprenderás que el éxito no consiste solo en esforzarte más para levantar más peso, sino en saber cómo optimizar cada aspecto que esté bajo tu control, tu mentalidad y tus capacidades para ganar.

Empecemos

Ahora, ya sabes acerca del 50% flexible que puedes controlar, del 50% fijo sobre el cual no tienes control y sobre el nuevo estándar de rendimiento teórico máximo. *8 pasos* te da la práctica, la orientación científica y las herramientas para alcanzar nuevos niveles de rendimiento y tan rápido como sea posible. Los consejos que leerás serán muy transparentes: lo que funciona, lo que no funciona y cómo aplicar la ciencia para llegar a ser un performer de alto rendimiento Es mejor conocer la realidad ahora que malgastar años poniendo en práctica tácticas equivocadas o perteneciendo a la compañía equivocada. No todos los jefes, ni todas las compañías serán honestos contigo sobre lo que se necesita para ser un performer de alto rendimiento en el trabajo —yo sí lo seré.

Empecemos.

Primer paso

Establece grandes metas

Entregar grandes resultados. Ese es el eje primordial del alto rendimiento y el paso esencial en el cual concentrarte antes de que te ocupes de cualquiera de los próximos siete pasos. La gran noticia sobre el hecho de entregar grandes resultados es que existe esa poderosa ciencia que nos dice exactamente cómo hacerlo bien; sus fundamentos no han cambiado desde hace ya mucho tiempo.

Revisemos la historia de Miguel Ángel y la Capilla Sixtina. En 1506, el Papa Julio II decidió comisionarle a alguien la pintura del techo de la Capilla Sixtina y le pidió a Miguel Ángel que fuera él quien enfrentara ese reto. Miguel Ángel debió contemplar el hecho de que esa sería una comisión que le tomaría el resto de su vida, pero no estaba interesado en aceptarla. Primero que todo, él era escultor, no pintor, y la posibilidad de tener que trabajar suspendido del techo a lo largo de un verano romano no le atrajo. Además, en ese momento, estaba ocupado esculpiendo la futura tumba de ese mismo papa, así que pudo responderle con la sinceridad del caso: "En este momento, estoy sobrecargado de trabajo, pero gracias por pensar de mí como el ejecutor de tan magna obra". El desafío de Miguel Ángel era que Julio II ya le había pagado la mayor parte de su trabajo y que, además, él también era un católico devoto, así que, eventualmente, se sintió obligado a aceptar el trabajo.

Julio II pensó que en el techo debería estar decorado con grandes pinturas de los Doce Apóstoles, visión que le comunicó a Miguel Ángel, quien le ofreció una opción mucho más grandiosa que incluía cientos de figuras y poderosas imágenes que ilustrarían grandes historias tanto del Antiguo como del Nuevo Testamento. Su propuesta terminó convenciéndolo de que esta visión más arriesgada y temeraria cumpliría con el objetivo original, pero con resultados mucho más superiores. Pronto, Miguel Ángel comenzó a pintar (de pie, no como la leyenda lo presenta, acostado de espaldas).

Aunque su conocimiento bíblico era tan extenso que bien podría haberle servido para guiar fácilmente su pintura, también trajo a un famoso teólogo, el fraile agustino, Giles de Viterbo, como su experto asesor. El resultado fue, como sabemos ahora, impresionante, no solo para Miguel Ángel y Julio II, sino para los cientos de millones de personas que han visto el techo de la Capilla Sixtina desde que se completó en 1511.

Más de 500 años después de su experiencia en la capilla Sixtina, la fórmula de Miguel Ángel frente a su jefe Julio II, de entregar grandes resultados a través de grandes metas y asesoramiento, sigue siendo la misma. Su meta fue:

- Alineada: Julio II le dio a Miguel Ángel un objetivo inicial para el diseño del techo de la Capilla Sixtina y él estuvo de acuerdo con dicho objetivo básico, pero sugirió otra forma de lograrlo, dados su conocimiento y experiencia únicos. Hubo dirección de arriba hacia abajo y ajuste de abajo hacia arriba.
- Establecida: Miguel Ángel le dijo a Julio II que él tenía demasiadas prioridades y otros compromisos en ese momento. Por su parte, el papa no dejó su propuesta entre el tintero, sino que, en vez de eso, volvió a priorizar que el techo era su meta principal. Además, reconoció que Miguel Ángel requeriría del

más alto nivel de rendimiento para lograr centrarse en esa gran meta y cumplirla.

- Ampliada: incluso con las formidables habilidades de Miguel Ángel en el campo de la pintura, crear una obra maestra en el techo de la Capilla Sixtina fue un esfuerzo masivo y arriesgado. Había un gran potencial de experimentar fracaso y vergüenza. Mientras Julio II fijaba un objetivo claro, la visión de Miguel Ángel extendió masivamente el objetivo de "pintar el techo de la capilla".
- Enmarcada: Julio II y Miguel Ángel acordaron una meta específica, objetiva, importante y medible: pintar una obra maestra en el techo de la Capilla Sixtina. Su enfoque estuvo centrado en lo único realmente importante —la realización de una obra maestra— e ignoró de la manera más apropiada todas las subtareas que se requerirían para lograr esa meta.

Además, Miguel Ángel supo ver que un gran entrenador podría ayudarlo y guiarlo hacia resultados superiores. Estaba profundamente familiarizado con la Biblia y podría haber ejecutado su visión del techo de la capilla empleando su propio conocimiento de los personajes y relatos bíblicos. En cambio, prefirió recibir entrenamiento y orientación de otros que conocía muy bien el tema.

Por qué es importante

Miguel Ángel pudo haber pintado un techo muy atractivo que cumpliera con los objetivos de Julio II, pero así, su obra nunca hubiera sido considerada una gran pieza de arte. Pudo haberse quejado de la intensidad de su horario y de las desagradables condiciones, o de que pintar no era su "verdadera" labor. También pudo haber pintado su visión personal en lugar de encontrar un experto que lo guiara. Lo cierto es que, lo supiera o no, al ir en contra de sus instintos naturales, Miguel Ángel se convirtió en un caso de estudio sobre cómo obtener grandes resultados al establecer grandes metas.

Las grandes metas, enfocadas en los aspectos adecuados, te permiten demostrar mayor rendimiento. Además, ponen a prueba tus habilidades y construyen tu confianza en ti mismo y en tu capacidad para ofrecer grandes resultados en el futuro. Y dado que también son más desafiantes, estás obligado a desarrollar nuevas habilidades y capacidades que te ayuden a alcanzarlas. De esa manera, creces más rápido que otros performers cuyas metas son menos desafiantes. El primer paso hacia un alto nivel de rendimiento es establecer grandes metas.

Lo que sabemos

Durante años, los científicos han venido estudiando por qué los seres humanos actuamos y los resultados obtenidos han ido dándonos ideas muy útiles para mejorar de manera directa nuestro nivel de rendimiento. El resultado más importante de estos estudios tiene mucho que ver con el impacto que ejerce en nosotros la motivación —el impulso que nos lleva a convertir nuestras ideas en realidades—. Nos sentimos motivados por el deseo de alcanzar grandes metas, ya sea porque disfrutamos de lo que estamos haciendo (motivación intrínseca) y/o por nuestro anhelo de obtener aquello que tanto valoramos una vez terminamos de hacerlo (motivación extrínseca). Las metas suelen generar motivación y nos ayudan a permanecer enfocados de manera productiva[1]. Existe un porcentaje del 50% fijo en el cumplimiento de las metas, ya que las personas dotadas con ciertas características de personalidad están más motivadas a actuar. Sin embargo, cada quien controla su propio método de planificación, su nivel de esfuerzo y su capacidad de ejecución[2].

La ciencia concluyente sobre el establecimiento de metas afirma que:

- Las metas son importantes. Es un hecho científico fundamental: las metas aumentan el nivel de rendimiento. Cuando tienes objetivos específicos, te desempeñas mejor que cuando, simplemente, te esfuerzas por lograr algo no tan concreto. Observa lo que ocurriría en una situación en la que tu jefe les dijera a ti y a un compañero de trabajo igualmente capaz que los dos tienen que vender cierta cantidad de maquinaria. Supongamos que, primero, le dice a tu colega que venda tantas máquinas como le sea posible. Luego, te asigna un objetivo de ventas específico (alto). La ciencia dice que una meta específica creará el enfoque y la motivación necesarios para producir resultados más grandes que si alguien, simplemente, hace su mejor esfuerzo de trabajo. Esto prueba que las personas con metas casi siempre superan a quienes no las tienen[3].
- Las metas grandes aumentan tu capacidad de rendimiento. Te motivan a dar mejores resultados, ya que los seres humanos estamos programados para responder a los desafíos haciendo mayor esfuerzo. Si te reto a que saltes con un pie en el aire, intentarás hacerlo. Si luego te reto a que saltes con los dos pies en el aire, también lo intentarás, incluso si piensas que no puedes. Y mientras más motivado estés, más cerca llegarás a tu teórico máximo de rendimiento. Solo dejarás de intentar saltar más alto cuando la recompensa por saltar ya no te motive o cuando ya estés demasiado agotado físicamente de tanto intentarlo. El principio teórico máximo de rendimiento sugiere que lograrás realizar entre el 20% y el 40% por encima de lo que normalmente realizas[4].

- Tener menos metas significa obtener logros mayores. Es decepcionantemente poderoso comprobar que tener pocas metas es más provechoso cuando se trata de aumentar el desempeño que cuando tenemos muchas metas por cumplir a la vez. El poder de las metas proviene de la capacidad que ellas tienen para enfocarnos y motivarnos. Tener demasiadas metas elimina ese enfoque. La ciencia dice que ponemos menos esfuerzo en cada meta adicional que perseguimos, lo que significa que tener muchas metas no es ambicioso, sino contraproducente[5]. Lograr tres buenas metas es mejor que luchar por lograr seis, ocho o doce.
- Es crucial entrenar pensando en el futuro. El entrenamiento combina retroalimentación con dirección —esto es lo que estás haciendo hoy y esta es la mejor manera de hacerlo mejor mañana—. La ciencia afirma que la retroalimentación aumenta el rendimiento y que los mejores resultados vienen cuando esa retroalimentación está basada en actividades, no en comportamientos. La gente también responde mejor a la retroalimentación que no entra en conflicto con su autoimagen, ni con su modo de pensamiento progresista ("Es posible que desees hacer…") en lugar de hacer una evaluación retrospectiva ("Hiciste un mal trabajo"). De esa manera, es más fácil generar un cambio que incremente el nivel de rendimiento[6]. Encontrarás más información al respecto en el paso dos: "Compórtate como un vencedor".

Qué hacer

Establecer grandes metas te garantiza que lo que planeas cumplir sea tan importante como para que otros también se interesen en ello. Tu enfoque en menos y más grandes metas no significa que debes ignorar las tareas importantes, ni el trabajo menos general, sino que entiendes qué tareas le agregan mayor valor a tu lugar de trabajo. La mentalidad de "menos, más grande" separa a los performers de alto rendimiento de aquellos que solo quieren cumplir con los requisitos mínimos de la labor que desempeñan. Los performers de alto rendimiento anhelan obtener resultados significativos en las áreas de mayor importancia para su empresa —ellos planean grandes metas y entregan grandes resultados—. Sin embargo, al tratar de sobrepasar las metas ya establecidas, también existe un mayor riesgo de fracaso, pero nadie llegará a ser un performer de alto rendimiento a menos que se arriesgue a intentar sobrepasar lo que ya estableció.

Muchos se sientan a planear y redactar metas como parte del proceso de rendimiento administrativo de su empresa. El hecho es que, al usar el enfoque de tu empresa, tu jefe desempeña un papel importante en lo concerniente a ayudarte a establecer metas y es posible que tengas que tener en cuenta sus soluciones tecnológicas y demás sugerencias. A ese respecto, te daré el siguiente consejo: si no estás en un entorno corporativo, ni tienes restricciones, todos los consejos siguen siendo válidos y evitarás esa burocracia corporativa que hace que el establecimiento de metas sea un proceso un tanto desagradable.

Existe un proceso simple para establecer metas que conduzcan a resultados de óptimo rendimiento: alinear, establecer, ampliar, enmarcar. (Vea la Figura 1-1).

Alinear

Serás un performer con óptimo nivel de rendimiento solo si trabajas en las metas que más valora tu empresa, así que debes comprender qué metas de tu compañía o departamento son más importantes que otras. En algunas organizaciones, las metas parten desde los altos mandos de la empresa o departamento hacia cada nivel subsiguiente. En ese caso, conseguir dirección será tan simple como que alguien te diga:

Figura 1.1

Cómo planear grandes metas

» **Alinear**
Asegurar la alineación hacia arriba

» **Establecer**
Priorizar Pocas metas (3)

» **Ampliar**
Maximizarlas todas

» **Enmarcar**
SIMple

"Esta es la meta en la que necesitas trabajar". Si las instrucciones no son tan claras, intenta lo siguiente para obtener la alineación correcta:

- **Pregunta.** Pregúntale a tu jefe: "Con base en las prioridades de la empresa y el departamento ¿dónde quieres que enfoque mis esfuerzos para el próximo año (o trimestre)?", "¿Cuáles son las tres metas más importantes que te gustaría que cumpliera el año que viene?". Otra manera de preguntar lo mismo sería: "¿En cuál de tus metas puedo ayudarte mejor y cómo?".
- **Investiga.** Revisa cuál es tu función dentro de la estrategia de tu empresa o departamento. Según sea tu papel, identifica tres metas grandes en las cuales trabajar y así contribuirás más en el cumplimiento de la estrategia. Si los documentos que contienen dicha

estrategia no son de fácil acceso, averigua con los socios inversionistas o en el sitio web de la empresa. Por lo general, hay una presentación ejecutiva que describe en qué consisten las prioridades del año en curso. También puedes interpretar lo que le has oído decir al líder de tu grupo, departamento o empresa.

Debes revisar tus respuestas de la segunda opción con tu gerente para asegurarte de que has logrado plasmar al detalle la estrategia de la empresa en tus metas individuales.

Establecer

Para establecer metas mayores, el punto de partida esencial es adoptar una nueva mentalidad. Elimina de tu mente cualquier creencia pasada sobre cómo elegir una meta. Pregúntate: "¿Cuáles son las tres grandes metas que estableceré este año?". Este nuevo encuadre hará que dejes de enfocarte en las cosas que debes hacer y te centres en los resultados que vas a entregar. De esa manera, no solo estarás priorizando algunas responsabilidades propias de tu trabajo, sino también convirtiéndolas en metas. Estarás comprometiéndote personalmente a entregar mayores resultados en las áreas que más le interesan a tu jefe, a tu departamento y a la empresa.

Por otra parte, usar la palabra "promesa" en lugar de "meta" puede sonar como nada más que un lindo truco de palabras, pero es un cambio en el lenguaje que eleva la seriedad y compromiso emocional de lo que has declarado. Hay una diferencia entre decir que tienes una meta por cumplir en septiembre y prometer que lo cumplirás en esa misma fecha.

TRES GRANDES PROMESAS. En muchas empresas, los empleados establecen muchas más metas de las que son realmente importantes y necesitan cumplir. A veces, esta actitud suele ser impulsada por el jefe debido a que sus subalternos sienten la necesidad de recibir reconocimiento por lograr "pequeñas cosas" o porque creen que la configuración de una meta es una forma de gestión de proyectos. La ciencia dice que mantener el enfoque es importante, ya que esta es un área en la que muchas personas tienden a socavar su desempeño añadiendo un grado de complejidad innecesario a su labor. Su larga lista de metas oscurece cuáles de ellas son las más importantes y se les vuelve un desafío tratar de entender dónde enfocar sus esfuerzos.

Considera estas tres metas:

- Lanzar un nuevo sistema para gestionar las relaciones con el cliente generando un 90% de satisfacción del usuario.
- Abrir la oficina de Gurgaon, India, con personal de alto rendimiento.
- Disminuir los defectos de producción en un 10%.

Estas pueden sonar como promesas que normalmente incluirías en tu larga lista de metas por cumplir. Pero en el contexto de "menos y más grandes metas", esas tres promesas serían las únicas que te serían permitidas. Las habrías identificado como las más importantes por lograr este año o trimestre. Tendrías docenas de otras metas por cumplir durante el año, pero afirmarías que cumpliendo estas tres harías tu mayor contribución que logrando cualquier otra. Ciertamente, podrías agregar otra meta por cumplir, pero, primero, deberás eliminar una de estas tres.

Además, esas tres breves declaraciones corresponden a las metas en su totalidad. No hay puntos subsiguientes que describan las 15 tareas que planeas ejecutar para lograr cada meta. Tu objetivo es cumplir esas tres promesas que hiciste, no para obtener crédito por hacer actividades que contribuyan a lograrlas. O las cumples o no las cumples.

La mayoría de los líderes tiene un nivel bajo de rendimiento en el establecimiento de objetivos porque tiene demasiadas y muy pequeñas metas que no ha priorizado. Dos tácticas eficaces para elegir menos metas son: (1) desarrollar actividades que contribuyan con el cumplimiento de las promesas más grandes y (2) priorizar las promesas.

DESARROLLAR ACTIVIDADES QUE CONTRIBUYAN CON EL CUMPLIMIENTO DE LAS PROMESAS. Si has elegido un conjunto de metas, al menos algunas sonarán como actividades. Es posible incluir actividades en tu lista de metas como por ejemplo: "Contratar un nuevo programador de Ruby on Rails" o "Contratar un nuevo proveedor para la harina de trigo". Ambas son actividades importantes, pero ¿son realmente las grandes promesas que le hiciste a la empresa para mejorar su rendimiento?

La gran promesa real para esa primera meta puede ser: "Lanzar una nueva aplicación XYZ para el tercer trimestre". Un programador de Ruby on Rails sería un paso importante para lograrlo, pero no es un proceso significativo lo suficientemente importante como para incluirlo como meta. La promesa para la segunda afirmación podría ser: "Lanzar un nuevo pan sin gluten para el 15 de junio de este año". La harina de trigo es un ingrediente esencial para ese tipo de pan, pero encontrar un nuevo proveedor solo contribuye a la meta de lanzar este nuevo pan. Tú no deberías ser recompensado por dar un paso hacia la meta, incluso si ese paso te ahorra dinero y tiempo.

La buena noticia es que esas actividades que quizá sueles enumerar como metas son buena materia prima que contribuye en el cumplimiento de las grandes promesas que dijiste que cumplirías. Tu oportunidad es convertir esa materia prima en un elemento necesario que marcará una diferencia significativa para tu empresa.

PRIORIZAR LAS PROMESAS. Incluso si tú (o tu jefe) consideras que todas tus metas son cruciales, unas siempre lo son más que otras. Identificar las promesas prioritarias comienza con la revisión de las metas de tu empresa o departamento. Léelas y luego observa y compara con tu lista de promesas. ¿Cuál de ellas tiene más potencial para avanzar significativamente hacia el cumplimiento de las metas empresariales? Una forma fácil de encontrar la respuesta es apilando todas las metas (creando una lista en orden de impacto) desde la más importante hasta la de menor importancia. Esta clasificación es un ejercicio útil en cualquier situación en la que necesites elegir entre muchas opciones valiosas. Simplemente, haz una lista de las metas por cumplir en orden de importancia, utilizando el criterio que más te parezca conveniente: qué tanto impacto harán en el éxito del negocio, el orden de prioridades según sean las solicitudes de tu jefe y así sucesivamente. Una vez que hayas terminado de organizarlas, la prioridad de tus promesas debe ser clara y congruente con esa clasificación.

Ampliar

Para acercarte a tu teórico máximo de rendimiento, necesitas ampliar lo que prometes. Recuerda que la ciencia concluyó claramente que las metas más grandes ofrecen resultados más grandes, así que aumentar su nivel de desafío debería ayudarte a incrementar tu nivel de desempeño. Además, las grandes metas también contribuirán a tu crecimiento, ya que necesitarás aprender nuevas formas de cumplir todas esas tareas que, a su vez, te ayudarán a cumplir las metas que hayas establecido.

Que tus promesas sean más grandes no significa: poco rea;istas o inalcanzables, sino que encuentres una manera de mejorarlas en, por lo menos, una de las siguientes maneras:

- Velocidad. Procura cumplir tus promesas antes de la fecha pactada o que el proceso sea más rápido o que el ciclo de ventas sea más corto de lo que haya sido normalmente.

- Calidad. Trata de reducir la cantidad de errores cometidos, de aumentar el número de clientes satisfechos y de mejorar ese aspecto específico o la sensación de satisfacción que genera tu producto o servicio. Hazlo de tal manera que lo que ofrezcas te coloque entre los mejores del mundo en ese campo.
- Costo. Vende un producto o servicio que ofrezca más por menos dinero o reduce su costo.
- Cantidad. Vende, produce o envía más calidad en tu producto o servicio.

La pregunta fundamental es: ¿qué tanto mejorarás en, por lo menos, uno de estos aspectos enumerados? Comienza preguntándote qué necesitarías para ser el 20% mejor en cualquiera de ellos. Si ese te parece un porcentaje irrazonable, intenta el 15%. El hecho es que la diferencia sea suficiente como para que tu nivel de rendimiento sea significativamente mejor que el de otros y logres destacarte entre aquellos que están enfocados en ver cuáles son tus resultados. Una gran medida en el cumplimiento de una meta más grande es: asegúrate de experimentar un poco de miedo con respecto a tu habilidad para lograrla.

Enmarcar

Ahora que ya tienes en la mira algunas promesas grandes y alineadas, necesitas escribirlas de tal manera que logres explicarle de forma breve a tu jefe qué es lo que estás prometiendo conseguir. Tal vez, te suene fácil, pero la mayoría de la gente fracasa en este paso porque su explicación resulta demasiado larga, compleja y vaga. En *One Page Talent Management* propongo utilizar el concepto de metas SIMple, muy eficaz para ayudarte a establecer metas de forma más fácil y más centrada. Las iniciales S- I- M en SIMple significan:

- Específica (*Specific* en inglés). Describe tu promesa en diez palabras o menos: "Completar el lanzamiento del producto Corn Crunchers el 1 de febrero", "Reducir el ciclo de funcionamiento de la máquina en un 20%" o "Aumentar el promedio del saldo en la cuenta de un cliente privado a $100.000 dólares". Recuerda que cada enunciado debe ser una declaración completa; no hay debajo de ella una lista de diez puntos que expliquen la lista de submetas que tienes en mente.
- Importante. Cada promesa debe ayudarle a la organización a cumplir cada una de sus metas más importantes. No incluyas metas triviales, ni grandes tareas. Si te limitas a tres metas, te será mucho más fácil asegurarte de que cada una de ellas sea importante para la organización.
- Medible. Debe haber una manera de evaluar si has alcanzado, superado o no alcanzado la meta. Las metas cuantitativas son las más fáciles de medir, pero muchas personas trabajan en proyectos o procesos en los que la mejor medida es la calidad o la aceptación del resultado final. En esos casos, la meta se puede medir por las percepciones de los clientes, el nivel de ventas, la evaluación del gerente, la puntualidad en el cumplimiento de la meta, la entrega exitosa y así sucesivamente.

Cuando la asesoría es crucial

Con menos y más grandes metas, alineadas y bien escritas, ya estás listo para entregar grandes resultados. Te será más fácil lograrlos si buscas un asesor que te brinde una dirección clara y una corrección honesta a medida que trabajar en ellas. La cantidad ideal de asesoría es similar a las instrucciones que recibes cuando vas en tu auto y a través de tu teléfono recibes instrucciones precisas sobre qué vías tomar para llegar a un sitio determinado. Recibirás orientación antes de llegar a un giro peligroso y, si fuera necesario, también alertas sobre el estado de la ruta y dónde salirte; además, serás redirigido si te saliste de la ruta. Es decir, no te dará un flujo constante de información, sino direcciones precisas y justo en el momento en que las necesitas.

Quizá, tienes un jefe excelente que te asesora y orienta en cuanto a la manera en que debes desempeñarte en tu cargo. Te hace chequeos regulares, sabe cómo dirigirte y hacia dónde, y te anima cuando ve tu progreso. Si no, bien puedes solicitarle que te asesore, por lo menos, de manera simple, algo así como un estilo de asesoría que yo ideé y al cual llamo "Coaching 2+2". Este hace más fácil que obtengas un asesoramiento específico, constante y útil para mejorar tu rendimiento. Consiste en que te brinden la corrección y la dirección que te garanticen que estás en el camino indicado hacia lograr tu meta. Es fácil y no amenazante para tu jefe; funciona tan bien que algunas de las compañías más grandes del mundo usan Coaching 2+2 para asesorar a sus empleados. Este método requiere que tu jefe te dedique 15 minutos de su tiempo (puede ser más si tú o él lo prefieren o lo necesitan) cada tres meses con el fin de sostener una conversación que incluya dos temas:

- Dos comentarios acerca del progreso que has hecho en el cumplimiento de tus promesas. No son dos comentarios respecto a cada promesa, sino dos que abarquen cómo vas en general en las tres promesas que hiciste. ¿Cuáles son las observaciones más importantes que él tiene que hacerte? ¿O tiene algún consejo que darte? Podría ser algo como: "John, el lanzamiento que estás preparando para el nuevo jabón de manos parece estar yendo bastante bien. Vas adelantado con respecto al cronograma y el equipo del proyecto me dice que eres un líder dinámico e inspirador. ¡Gran trabajo! En cuanto a la estrategia de mercadeo, basándome en tu progreso, parece que esta no fuera tu prioridad. Recuerda que esa es una de tus tres promesas. Me gustaría ver un borrador del progreso que hayas hecho en esa meta dentro de 30 días. Quiero saber qué puedo hacer para ayudarte al respecto". El objetivo de sus dos comentarios es asegurarse de que tú y él estén alineados en lo concerniente a tu progreso.

- Dos comentarios que te sirvan de "prealimentación" para mejorar tu rendimiento o algún comportamiento que necesites ajustar. A menudo, pensamos que la retroalimentación es el camino correcto hacia mejorar, pero el simple y poderoso concepto de "prealimentación" se basa en la ciencia que afirma que, con más frecuencia de la que pensamos, nuestro cerebro rechaza la retroalimentación que no refuerza nuestra autoimagen[7]. La prealimentación proporciona exactamente el mismo comentario, pero sin la crítica retrospectiva[8]. Para contrastar estos dos enfoques, la retroalimentación tiende a sonar como: "Suzie, tu presentación en la reunión del equipo ejecutivo la semana pasada fue demasiado larga. Por favor, ¿la próxima vez, podrías comprimirla?". Ya que no puedes cambiar lo que hiciste en el pasado, es frustrante recibir críticas por ello y hasta puede que no sientas el interés necesario para cambiar tu comportamiento. Si tu jefe se enfocara en hacerte un comentario enfocado en la prealimentación 2+2 sería algo así como: "Suzie, el equipo ejecutivo ha pedido que las presentaciones para ellos sean breves y enfocadas en puntos concisos y cruciales. Por favor, cuando estés preparando la reunión de la próxima semana, asegúrate de que tu presentación incluya los hechos clave y preséntalos al comienzo para que no dure más de 10 minutos". Cuando escuchas consejos enfocados en la prealimentación, estás recibiendo una orientación específica sobre cómo mejorar, pero sin ser criticado por errores que ya pasaron. Aprenderás más sobre la técnica de prealimentación en el segundo paso, "Compórtate como un vencedor".

Concluyendo

Cuando somos impulsados por grandes metas y contamos con la asesoría adecuada, nuestro nivel óptimo de rendimiento comienza a reflejarse en el hecho de entregar excelentes resultados. Las grandes metas generan enfoque y motivación. Una buena asesoría te garantiza que vas por el camino más directo hacia el éxito. Tanto las metas como la asesoría son una magnífica oportunidad para reconocer que necesitas adquirir la responsabilidad necesaria para hacer ambas cosas bien. Tal vez, tu jefe no sea experto en esas áreas, pero esa no debería ser una razón suficiente para no llegar a ser un performer con óptimo nivel de rendimiento.

Ahora que tiene las metas correctas y la asesoría necesaria, lograrás un mayor nivel de rendimiento. Es hora de dar el segundo paso y construir los comportamientos que diferencian a los grandes performers de los meramente buenos.

¿Qué podría interponerse en tu camino?

- Mi jefe establece mis metas. ¿Cómo podría controlar mejor el proceso? Está bien. Revisa esas metas y sugiérele cambios si las metas que él te asignó no son menos, más grandes y no están alineadas o no cumplen con los criterios de SIMple.

- Mi trabajo es rutinario. Hago las mismas actividades día tras día. ¿Cómo puedo establecer una meta que mejore mis resultados? En cualquier trabajo, tu puedes mejorar el costo, la calidad o la velocidad de lo que haces. Si haces análisis y entregas informes, ¿puedes hacerlos más rápido o con más ideas valiosas? Si eres la recepcionista, haz una lista de las cinco actividades que realizas la mayoría de los días y escoge aquella en la que podrías mejorar más. Cualquier cosa que hagas, la puedes hacer mejor.
- Mi jefe insiste en que tenga más de tres metas. Eso no es raro; él puede estar utilizando la fijación de metas como un sustituto de la gestión de proyectos. En tal caso, manifiéstale que quieres enfocarte en las metas más importantes y que crees que tres metas son más que suficientes. Luego, pregúntale si él está de acuerdo. Incluso si terminas teniendo que enumerar cinco, ocho, diez, o más metas como parte del proceso de tu empresa, analiza cuáles son las tres más importantes.
- Mi jefe no es un experto en establecer metas. La mayoría de ellos no lo es, porque solo establece metas una vez año y nunca se le ha enseñado el enfoque adecuado. Comparte este libro con tu jefe (o sus principios básicos).
- ¿Cómo puedo obtener crédito por hacer mi trabajo diario si no está alineado con mis metas? Obtienes crédito por hacer tu trabajo diario a través de tu cheque de pago regular. Las metas existen para que enfoques tus esfuerzos y tu energía en lograr resultados que vayan más allá de lo que sueles hacer.

- Mis metas cambian todo el tiempo a lo largo del año. Es difícil saber en qué trabajar. No es inusual cambiar de prioridades para cambiar ocasionalmente tu enfoque, pero, si cambias tus metas cada trimestre, es probable que las hayas planeado con expectativas demasiado bajas. Comprueba si cumplen con la definición de una promesa más grande o si suenan más como actividades. Una promesa no debería cambiar muy a menudo, incluso si algunas de las tácticas requeridas para cumplirla cambian.
- ¿Qué pasa si me pongo metas grandes y fracaso? Ahí es donde los performers de alto rendimiento se distinguen de los demás, pues ellos quieren enfrentar grandes riesgos para demostrar que son capaces de superarlos. Habrá ocasiones en que no alcanzarás tu meta, pero, con el tiempo, obtendrás resultados más excelentes que los de los demás y recibirás reconocimiento por tu alto nivel de desempeño.

Recuerda y aplica

La ciencia afirma que:

- Las metas importan. Lograrás un mejor nivel de desempeño si las tienes.
- Menos y más grandes metas mejorarán tu rendimiento y te ayudarán a enfocarte en lo realmente importante.
- Busca la asesoría y la prealimentación que guíen tus esfuerzos hacia la dirección correcta.

Deberías:

- Establecer esas tres grandes promesas que te distingan como un performer con un nivel óptimo de rendimiento.

- Eliminar las actividades tácticas de tus metas y convertirlas en el plan de tu proyecto.
- Pedirle a tu jefe que utilice Coaching 2+2 cuando te esté asesorando y así te asegurarás de ir en el camino indicado hacia convertirte en un performer de alta calidad en el cumplimiento de tus metas.

Trata de usar:

- La figura 1-1 para trabajar en la planeación de tus metas.

Segundo paso

Compórtate como un vencedor

Hay en circulación muy mala información, así como creencias que provienen de la sabiduría popular y consejos inadecuados que pretenden explicarte qué comportamientos te convertirán un performer de alto desempeño. Uno de los mayores mitos es el que sostiene que lo más importante respecto a incrementar tu nivel de rendimiento es estar expuesto a "conductas de liderazgo" adecuadas. La ciencia, la práctica y la historia de dos visionarios de Silicon Valley cuentan una historia que desmitifica esta creencia.

El relato acerca de dos fundadores

En el año 2000, la empresa Yahoo! tenía seis años de haber sido fundada, estaba avaluada en $125 mil millones de dólares y se había convertido en uno de los portales de internet más populares del mundo. Fue fundada en 1994 por Jerry Yang y David Filo, estudiantes graduados de Stanford, como una guía para sus sitios web favoritos y, rápidamente, se transformó en una puerta de entrada esencial a internet. El entorno para los buscadores era competitivo, pero el servicio de Yahoo! era confiable, estaba bien posicionado y bien financiado, así que tenía todo lo esencial para tener éxito. Google tenía apenas 18 meses de fundado.

Jerry Yang, cofundador de Yahoo!, era descrito a menudo como un "chico bueno" —lloró cuando tuvo que anunciar la primera ronda de despidos de la compañía. Se le vio muy callado y fue muy leal a sus compañeros de Yahoo! No hay nada de malo en ser etiquetado como "bueno", pero quienes lo llamaban así a menudo pretendían tildarlo de tener un carácter débil, y esto de ser "bueno" no se lo decían como un cumplido. Refiriéndose a su falta de voluntad para luchar más fuertemente contra Google, el empresario multibillonario Mark Cuban manifestó: "Jerry es un chico demasiado bueno. Él se preocupa más de lo necesario. A veces, cuando surge un competidor como Google, tienes que ser cojonudo y pesado"[1]. Otros observadores también ofrecieron comentarios similares sobre el estilo de liderazgo de Yang[2].

Ese mismo año, el renacimiento de Apple Computer estaba en pleno apogeo y las ventas se fortalecieron debido a su innovador diseño y a sus colores brillantes. la empresa y iMac surgieron como una tendencia con bastante fuerza en cuanto a diseño y tecnología. Dirigida por su fundador y nuevamente CEO, Steve Jobs, el precio de las acciones de Apple había aumentado más del 300% desde el lanzamiento del iMac y más del 1.000% desde el regreso de Jobs en 1997. Apple se había posicionado para disfrutar de un éxito que, sin embargo, no habría de estar garantizado. A finales del 2000, algunos errores de la empresa en cuanto a los precios, y una desaceleración general en el mercado de la tecnología, produjeron el primer trimestre improductivo de Apple en tres años.

Sus empleados experimentaron a Jobs como un líder volátil, exigente, abusivo y manipulador. Hacía uso de gran petulancia para enfatizar sus puntos de vista y, por lo general, causaba llanto entre sus empleados. Su biógrafo, Walter Isaacson, afirmó sobre él: "Jobs no era cálido, ni amable... no era el mejor líder del mundo. De hecho, podría haber sido uno de los peores líderes del mundo"[3].

Sin embargo, 10 años más tarde, Jobs gobernaba una compañía que, fundamentalmente, logró redefinir la manera en que las personas interactúan con la tecnología, escuchan música y acceden a la información. Se había convertido en un CEO icónico y podría decirse que en el empresario líder de su generación. En 2018, ocho años después de su muerte por cáncer de páncreas, Apple había alcanzado un valor en el mercado de más de $900 mil millones de dólares y logró convertirse en la empresa más valiosa cotizada en la bolsa.

En Yahoo!, Yang uno de sus fndadores sufrió las consecuencias y pagó un alto precio por su debilidad de carácter. Un informe de 2008 sobre el futuro de Yahoo! manifestó que el "mandato para el nuevo CEO, quienquiera que fuera, consistió en despedir a la gente. Específicamente, en tomar las decisiones ásperas que Jerry Yang no quiso tomar por ser demasiado cercano a la compañía y un tipo con un carácter demasiado afable". Más tarde, ese mismo año, la junta directiva decidió despedir a Yang como CEO y él se mantuvo como jefe de Yahoo! hasta que se fue de la empresa en 2012, año en que fue ridiculizado en gran manera por rechazar una oferta de compra que recibió de Microsoft en 2008 valorando a Yahoo! por encima del 62% de su precio real en el mercado. En 2017, Verizon compró a Yahoo! por $4.5 mil millones de dólares, el 10% de lo que Microsoft le había ofrecido nueve años antes y alrededor del 0,5% del valor en el mercado de Apple[4].

En las historias de estos dos fundadores es difícil demostrar que el carácter demasiado blando de Yang y el carácter bastante mezquino de Jobs influyeron en la dirección de estas dos empresas. Sin embargo, quedó planteada una pregunta muy importante y frecuente: ¿Fracasan más las personas buenas que sus contrapartes malas? La ciencia dice que no es malo ser agradable, pero que no hay garantía de que tendrás más éxito si te comportas como un líder estereotipado como bueno, ni que el hecho de comportarte de manera más agresiva te frenará en el cumplimiento de tus metas.

Por qué es importante

Los comportamientos te ayudan a diferenciarte como un performer de alto desempeño, porque demuestran que tú puedes mucho más que, simplemente, lograr cosas. Estos son responsables del 15% al 40% de tu rendimiento total, dependiendo de cuál sea tu rol[5]. Además, existe una alta probabilidad de que la empresa a la que perteneces también opine que los comportamientos son muy importantes. El 86% de las empresas mide los comportamientos en su proceso de gestión del desempeño[6]. Estos pueden o no ser lo que en realidad impulsa el rendimiento, pero revelan qué es aquello a lo que tus líderes le prestan toda su atención. Y es más, ten la certeza de que todas las personas con las que trabajas evalúan tus comportamientos todos los días e interactúan contigo basadas en sus impresiones. La forma en que te perciben alimenta al grupo de chismosos de tu lugar de trabajo y ejerce cierta influencia en tu nivel de rendimiento, en tu red de contactos, en tu imagen y, en últimas, también en tu éxito.

Los performers de alto desempeño trabajan duro para identificar aquellos comportamientos más productivos, aprender otros nuevos cada vez que sea necesario y dejar los menos útiles. Es un reto diferenciar qué comportamientos importan, ya que miles de libros, consultores, blogs y toda clase de webinarios pretenden decirte cómo se comportan las personas exitosas. Así que considérate afortunado de que exista una gran ciencia que te dice qué comportamientos te harán un gran líder, capaz de inspirar cambios y entregar grandes resultados. El desafío es que esos comportamientos que te hacen exitoso en una meta quizá te hagan menos exitoso en otra. Por esa razón, el segundo paso hacia incrementar tu nivel de rendimiento es saber cómo comportarte hoy y qué comportamientos te harán exitoso mañana.

Cómo funciona

La ciencia acerca de cómo el comportamiento impulsa el rendimiento dice que serás un mejor performer si:

- Te entiendes a ti mismo. Tú sabes cómo te comportas normalmente y cómo ese comportamiento afecta tu rendimiento[7].
- Elijes los comportamientos adecuados. Sabes cuáles son las conductas que más te ayudan a convertirte en un performer con óptimo nivel de rendimiento[8].
- Te adaptas rápidamente. Sabes cómo mostrar de manera fácil y veloz conductas propias de un performer de alto rendimiento[9].

Entiéndete a ti mismo

La forma en que te comportas es una combinación entre cómo te guía tu personalidad para comportarte y cómo tú eliges comportarte. Tu personalidad influye fuertemente en tus comportamientos, pero no los controla. Con el tiempo, has ido aprendiendo a mostrar comportamientos que te hagan un mejor performer, compañero o líder, incluso si son contrarios a tu personalidad básica. Cuando las personas interactúan contigo, observan que hay una mezcla entre los comportamientos que tu personalidad quiere que muestres y los comportamientos que tú eliges mostrar de manera consciente. (Ver la Figura 2-1).

Si te parece confuso, piensa que tu personalidad es similar a tu cabello. Tú naces con un cabello que es de un cierto color y grosor, que cae naturalmente de cierta manera. Al igual que tu personalidad, tu cabello natural también se hereda en un 50% de tus padres y esa influencia siempre afectará tu apariencia[10]. Sin embargo, a medida que creciste, decidiste que preferías tu cabello en un estilo, color o longitud diferentes al natural. Seguro gastarás una cantidad significativa de tiempo y esfuerzo para hacer que tu cabello se vea diferente a su estado natural. Sigue siendo tu cabello, pero tú elegiste presentarles una versión distinta y más estilizada a tus amigos, familiares y compañeros de trabajo.

Figura 2-1

Cómo te ven los demás

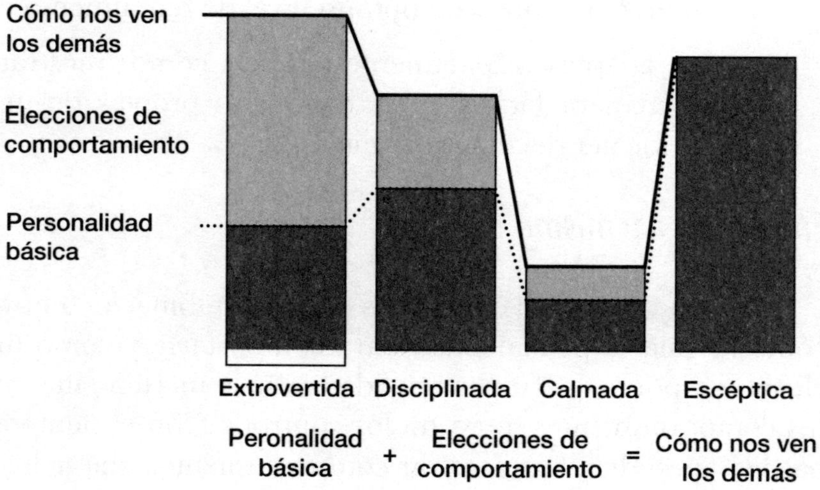

Esa versión estilizada de tu cabello representa la imagen que deseas que otros vean de él, pero no es su versión natural. Si te lo lavas y dejas de aplicarte color, vuelves a quedar con tu "verdadero" cabello. Pues bien, tu personalidad y tus comportamientos funcionan de la misma manera. Tu personalidad se establece en gran medida durante tus últimos años de adolescencia y siempre guiará fuertemente la forma en que te comportes[11], pero tú puedes estilizar tus comportamientos según sea la manera en que prefieras presentar tu imagen. Es por eso que los sicólogos de la personalidad se ríen cuando escuchan a la gente decir: "No puedo cambiar; soy como soy".

Lo más importante de este segundo paso es que tú seas consciente de controlar tus comportamientos. Si en reuniones te pones un poco nervioso, tienes la opción de sonreír más y hacer preguntas para entender el punto de vista de otros, en lugar de reaccionar demasiado rápido a sus comentarios. Si eres muy tímido, cada vez que tengas que asistir a eventos sociales, procura memorizar 10 preguntas y úsalas como una herramienta para entablar conversaciones con quienes te rodean. Así, parecerás más extrovertido de lo que en verdad eres. Puede que estos comportamientos no muestren tu verdadero yo, y eso no tiene nada de malo. Lo más importante es que te comportes como un performer de alto desempeño y no si ese comportamiento es natural o no en ti. Eso lo discutiremos durante el sexto paso, cuando hablemos de fingir nuevos comportamientos y cómo hacer para modelar los más adecuados. A veces, es más importante fingir este tipo de comportamientos que mostrar tu verdadera y desastrosa versión de ti mismo.

Los performers de alto rendimiento entienden que diferentes partes de su personalidad influyen en sus comportamientos y de diferentes maneras. No tienes que convertirte en un experto en personalidad para ser un performer de alto rendimiento, pero sí es útil saber que tu personalidad está conformada por 5 factores (por lo general, llamadas "los 5 primordiales") y que algunos de ellos son mucho más importantes en lo relacionado a tu nivel de rendimiento que otros. Estos 5 factores forman la base de lo que la ciencia sabe acerca de la personalidad —que está completamente probado y comprobado—. La Tabla 2-1 ilustra cuáles son esos 5 factores y lo que dice la ciencia sobre la enorme influencia que estos ejercen en tu desempeño laboral.

Tu personalidad influye en tu comportamiento lo suficiente como para que sea útil entender qué tanto incide cada uno de los factores que la conforman. Si tu puntaje es bajo en algunos de ellos, lo que esto significa es que tendrás que trabajar más para mejorarlos. Mediante una evaluación rápida (ver la Tabla 2-2) obtendrás una indicación grosso modo de cómo están tus rasgos de personalidad. Es una evaluación válida, rápida y completa. En el apéndice encontrarás un inventario de 10 ítems de la personalidad.

La conciencia es el factor de personalidad que más influye en el comportamiento. Es el doble de poderoso que cualquiera de los otros cuatro factores. Si estás naturalmente conectado para centrarte en los resultados, ser disciplinado y realizar las tareas necesarias para mejorar, es probable que logres incrementar más tu nivel de desempeño que alguien que no se esfuerce en mejorar ni siquiera su forma de abrocharse el cinturón de seguridad. La estabilidad emocional es útil en el desempeño de todo rol, por una razón obvia: la gente quiere interactuar más contigo cuando eres fácilmente abordable y tranquilo.

Tabla 2-1

Los 5 factores de la personalidad	Más de ese factor significa que muestras más de esa conducta*	Qué tanto influye en el grado de rendimiento en el trabajo
Conciencia	Confiable, minuciosa, trabajadora, perseverante, organizada, planificadora.	De manera moderada, en cada trabajo.
Estabilidad emocional	Tranquila, estable, autoconfiada, poco depresiva, optimista.	Un poco, en cada trabajo.
Extroversión	Sociable, gregaria, conversadora, asertiva, activa, ambiciosa.	Un poco útil en los roles de ventas y servicio al cliente; impacto incierto en cargos gerenciales.

Amabilidad	Cortés, flexible, cooperativa, perdonadora, suave de corazón, tolerante.	Un poco, si el rol es en el área de servicio al cliente; podría afectar el rendimiento en cargos gerenciales.
Amabilidad	Imaginativa, culta, curioso, original, amplia, orientada artísticamente.	En nada.

* Robert Hogan, Gordon J. Curphy y Joyce Hogan, "Lo que sabemos sobre el liderazgo: la eficacia y personalidad", *American Psychologist* 49, núm. 6 (1994): 493.

Tabla 2-2

Autoevaluación de los 5 factores de la personalidad

Lee los adjetivos que aparecen en la columna de comportamientos en la Tabla 2-1. En una escala de 1 a 5, siendo 5 el equivalente a "Esto me describe perfectamente" y siendo 1 el equivalente a "Esto no me describe en absoluto", autoevalúate en el cuadro de abajo:

Conciencia	Estabilidad emocional	Extroversión	Amabilidad	Apertura a nuevas experiencias

Prosiguiendo con los otros factores de la personalidad, se supone que estos también deberían contribuir a incrementar el nivel de rendimiento. Acaso ¿el hecho de tener una mentalidad abierta a nuevas experiencias no debería ayudarnos a pensar más creativamente o a ser más decididos a tomar riesgos o a valorar la diversidad? Se supone que este factor debería guiarnos a desarrollar este tipo de habilidades, pero no hay pruebas de que ellas conduzcan a un mayor nivel de rendimiento. Del mismo modo, sería de esperarse que un gerente amable fuera mucho más agradable. Seguramente así sea. Sin embargo, puede que, debido a su alto grado de amabilidad, también sea menos capaz de confrontar a sus jefes, de darles retroalimentación directa a los miembros de su equipo o hacerles fuertes llamados de atención con respecto a sus bajos resultados laborales.

Todos contamos con un grado mayor o menor de estos factores y, por lo tanto, es útil que entendamos cómo nuestra personalidad básica nos empuja en ciertas direcciones de manera natural. Si tú o uno de tus compañeros de trabajo cuentan con un bajo grado de conciencia, lo más probable es que necesiten diseñar planes de proyectos, calendarios, listas u otras herramientas que les ayuden a permanecer enfocados en las tareas que los llevarán a cumplir sus metas. Si tu grado de amabilidad es alto, sería provechoso preguntarles a quienes te rodean si estás tomando decisiones lo suficientemente enérgicas con respecto a las personas y proyectos que tienes a tu cargo.

Elige los comportamientos adecuados

Ahora que sabes cómo tu personalidad influye en tu comportamiento es hora de entender qué comportamientos generan mayores niveles de rendimiento. Pero antes, asumamos lo básico. Lo más más probable es que tú seas una persona ética, honesta y justa; no gritas a quienes te rodean, no robas, no mientes (no mucho, al menos), ni haces trampa. Así que, tal vez piensas que esas son unas bases sólidas sobre las cuales fundar tu comportamiento, pero, si consideras cuántas personas no demuestran su personalidad básica, entenderás por qué es importante sentar como precedente la siguiente premisa: si violas estos comportamientos de referencia, nunca serás un performer de alto rendimiento. ¡Punto! Cualquier éxito temporal que ganes con malos comportamientos palidecerá en comparación con la vergüenza que sufrirás cuando tengas que ponerte rojo o palidecer al ser atrapado o incluso ir a la cárcel.

Habiendo establecido esas bases, veamos cuáles son las buenas y las malas noticias de la ciencia a este respecto. La buena noticia es que las investigaciones nos muestran qué comportamientos nos ayudan a incrementar nuestro nivel de desempeño. La mala noticia es que esos comportamientos que nos ayudan varían dependiendo de cómo definamos lo que es rendimiento para cada uno de nosotros. Aun así, según la ciencia de la personalidad, algunos comportamientos (enfocados en las tareas, que nos guían a hacer bien las cosas, a tener calma y confianza) generan mayor rendimiento en casi todas las situaciones. Pero ¿qué otros comportamientos importan y cuándo?

PRIMERA OPCIÓN: COMPORTARTE COMO UN LÍDER TRANSFORMACIONAL. Un modelo llamado liderazgo transformacional describe comportamientos que, al ser estudiados, dieron muestras fehacientes de generar alto rendimiento. Los comportamientos transformacionales te ayudan a asegurarte de que, debido a tus óptimos resultados, quienes te rodean tengan una percepción favorable acerca de ti[12]. Y dado que este tipo de comportamientos están basados en la ciencia y son precisos, ya que han sido estudiados, probados y validados en cientos de experimentos dentro de situaciones reales, ofrecen resultados confiables.

Pero eso no es todo. Para poner en práctica estos comportamientos, tú no necesitas estar transformando nada en tu vida, ni ser un líder. Sin embargo, los líderes que modelan, promueven y ponen en práctica comportamientos transformacionales suelen ser más altamente calificados que quienes lideran de otra manera. Esto se debe al alto grado de motivación, efectividad y liderazgo que ellos logran en sus equipos[13]. Pero incluso si no tienes a tu cargo el manejo de personal, estos comportamientos transformacionales también son para ti. Modélalos frente a tus jefes y compañeros y obtendrás los mismos magníficos beneficios.

Los líderes con comportamientos transformacionales son expertos en[14]:

- Conectarse: muestran una preocupación genuina hacia sus subalternos y logran conexión incluso si no tienen un trato directo con ellos.
- Innovar: saben guiar a sus equipos a crear soluciones novedosas y tomar riesgos.
- Inspirar: ofrecen una visión convincente y motivan a sus subalternos a desarrollar niveles de rendimiento superiores.
- Modelar: actúan de acuerdo con su visión y a las metas que han establecido para su equipo.

Aunque han sido probados a lo largo del tiempo, los comportamientos transformacionales de los líderes no suelen ser muy impactados por su personalidad básica, motivo por el cual, nadie tiene una ventaja natural sobre ti con respecto a ser un líder transformacional[15].

Si necesitas que otros se unan a tu causa, el liderazgo transformacional es un gran modelo. Si necesitas motivarlos, considera poner en práctica la ciencia que se ocupa de cómo generar mayor rendimiento en los demás.

SEGUNDA OPCIÓN: COMPÓRTATE COMO UN GENERADOR DE ALTO RENDIMIENTO. Estás en la mejor de las posiciones para generar alto rendimiento si eres el CEO de una empresa propiedad de una firma de capital privado (CP) o de capital de riesgo (CR). Esta clase de firmas han puesto su dinero en tu empresa y quieren mucho más capital en retorno, y lo quieren rápidamente. Es justo decir que los CEOs de las empresas de propiedad de firmas de CP o CR están bajo mayor y más constante presión para obtener alto rendimiento que casi cualquier líder en cualquier otra empresa.

Durante un estudio que evaluó a 316 candidatos a CEO en empresas de propiedad de firmas de CP y CR, se identificaron cuáles son esas habilidades generadoras de alto rendimiento en ese ambiente tan tenso y obsesionado por obtener los máximos resultados posibles. La conclusión arrojó que se trata de 30 habilidades que se dividen de manera natural en dos categorías: habilidades generales (dinamismo, persistencia, proactividad, etc.) y habilidades interpersonales (trabajo en equipo, apertura a las críticas, etc.). En resumen, una categoría está centrada en las habilidades necesarias para hacer las cosas y la otra categoría se enfoca en las habilidades necesarias para trabajar bien con los demás. (Ver Tabla 2-3).

En este estudio, los candidatos a CEO podrían ser calificados desde alto hasta bajo nivel en cada una de las dos categorías, pero sin que estas se excluyeran entre sí.

Tabla 2-3

¿Qué habilidades muestran los CEO generadores de rendimiento?

Habilidades generales (incrementan el nivel de rendimiento)	Habilidades interpersonales (no incrementan tanto el nivel de rendimiento)
Rapidez	Respeto
Dinamismo	Abierto a las críticas
Persistencia	Capacidad de escucha
Eficiencia	Capacidad de trabajo en equipo
Proactividad	
Altos estándares	

Cuando los científicos observaron el desempeño de los CEOs que consiguieron los trabajos en estas compañías observaron que los más exitosos eran quienes reflejaban mayor desempeño en las habilidades generales y no tanto en las interpersonales. Sí, pareciera un estereotipo, pero el hecho es que ellos mostraban más alto nivel de rendimiento que los demás[16].

Lo que es interesante es que los comportamientos relacionados con la categoría de las habilidades generales se parecen mucho a los que definen el factor de la personalidad, como la conciencia, los cuales, según está científicamente comprobado, incrementan el nivel de rendimiento. En cambio, los comportamientos interpersonales tienen un gran parecido con los factores de personalidad relacionados con la apertura a nuevas experiencias y con la cualidad de la amabilidad, los cuales, típicamente, tienen poco efecto en el nivel de rendimiento.

Sin embargo, este descubrimiento no te da permiso para actuar como un imbécil, pero sí muestra que hay diferentes caminos para desarrollar un alto nivel de rendimiento. El punto clave a recordar es que el estudio fue sobre CEOs —un grupo perteneciente a la parte superior de la pirámide organizacional—. Lo más probable es que ellos no estuvieran muy interesados en llevarse bien con los demás y que se mantuvieran mucho más enfocados en lograr sus metas. Ellos saben que pocas empresas de CP les darán crédito por ser grandes líderes, por lo cual, no sería sorprendente que el adagio de que "lo que se mide es lo que se hace" aplicara en este caso. Si tú todavía no estás en la cumbre, te sugiero que tanto tus grandes resultados como tus comportamientos interpersonales sean ingredientes esenciales en lograr un alto nivel de rendimiento.

Adáptate rápidamente

Si los comportamientos adecuados son tu arma secreta para desarrollar un alto nivel de rendimiento, el primer paso es saber qué tan bien armado estás. ¿Son tus comportamientos consistentes con la imagen que quieres proyectar? ¿Tienes algún comportamiento que te descarrile y tal vez termine dejándote fuera de la pista? Los performers de alto rendimiento prefieren saber todas estas respuestas, así sean un poco dolorosas.

El "Inventario de los 10 rasgos de la personalidad" que aparece en el apéndice te ayudará a entender mejor cuáles son tus tendencias innatas. Sin embargo, lo más importante en este caso es cómo tu jefe, tus compañeros de trabajo y quienes evalúan tus resultados perciben tus comportamientos. Su percepción debería importarte, porque son las opiniones de otra gente, y no las tuyas, las que decidirán si eres o no considerado como un performer cuyo nivel de rendimiento es óptimo.

También deberías interesarte en lo que otros piensan, porque la percepción que tenemos acerca de nuestro desempeño y nuestros comportamientos es la menos precisa de todas. Todos los que nos rodean nos ven con más precisión de la que nos vemos a nosotros mismos. Es así, porque todos somos maravillosamente ilusos con respecto a nuestras capacidades y comportamientos y cuanto menos capaces somos, más delirantes son las percepciones que tenemos de sí mismos. Tan es así, que existe un fenómeno llamado el Efecto Dunning Kruger, que muestra que las personas menos competentes son las menos conscientes de su incompetencia. Y no solo eso, sino que además, ellas están más convencidas que sus pares más inteligentes de que sus opiniones son correctas[17].

Hay dos maneras de descubrir cómo nos perciben los demás: preguntándoles directa o indirectamente.

DIRECTAMENTE. Preguntarles a otros sobre tu desempeño y tus comportamientos no es tan aterrador como suena. Comienza con la mentalidad de que todos podemos mejorar en algo. La gente a la que le pides opiniones y consejos tiene su propia lista de superación personal. Lo que tú estás haciendo al preguntarles es disponiéndote primero que ellos a hablar de tu propia lista.

Tu meta cuando le preguntas a alguien directamente es obtener una sugerencia o dos para saber cómo comportarte aún mejor, no para que te den una valoración completa acerca de ti. Te mostraré una manera fácil de hacerlo, cortesía de Marshall Goldsmith, autor del *bestseller What Got You Here, Won't Get You There*.

El enfoque llamado "prealimentación" hará que otros se sientan cómodos dándote información sobre qué comportamientos cambiar permitiendo que tú también te sientas cómodo recibiendola[18]. Mediante este enfoque, les preguntas a algunas personas en las que realmente confíes sobre cómo llegar a ser un mejor performer en el futuro. Es tan simple como decir: "Hola, Mary, acabo de leer este nuevo libro llamado *8 pasos para alcanzar máximo rendimiento* y dice que debería preguntarles a algunas personas que me conozcan bien qué comportamientos debo mejorar o cambiar para incrementar mi nivel de desempeño. Esta no es una retroalimentación basada en errores pasados, sino una sugerencia sobre lo que debería empezar a hacer, dejar de hacer o seguir haciendo para mejorar. ¿Qué sugerencias tuyas me servirían para lograrlo?".

Para hacer que ese simple proceso funcione mejor:

- Úsalo con gente que conozcas bien. Pregúntales a personas que te conozcan relativamente bien y que creas que se sientan cómodas compartiendo contigo sus opiniones al respecto. Tal vez, se trate de colegas cercanos, de evaluadores de tu desempeño laboral, de tu jefe o de alguien que haya trabajado contigo el tiempo suficiente como para conocer tanto tus puntos fuertes como los que necesitas mejorar.

- No los sorprendas con la pregunta. Pregúntales compartiendo con ellos una taza de café o en el transcurso de una conversación. Envíales un correo electrónico que les explique por qué estás haciéndoles ese tipo de preguntas y lo que harás con sus respuestas. No les tiendas una emboscada introduciendo de un momento a otro tu cabeza en su cubículo de trabajo o invadiendo su oficina exigiéndoles respuestas inmediatas.
- Haz seguimiento. No tienes que actuar con respecto a todas y cada una de las sugerencias que recibas, pero valdrá la pena considerar las que te parezcan de mayor ayuda. Una vez que trabajes en ellas y veas resultados notorios, vuelve a conversar con quienes te brindaron sus opiniones y cuéntales que has estado trabajando en sus sugerencias y que sientes que estás mejorando gracias a su ayuda. Si haces esto, ellos estarán más abiertos a volver a brindarte opiniones que mejorarán aún más tu rendimiento futuro e iniciarás un nuevo ciclo de mejoramiento.

INDIRECTAMENTE. Si el enfoque directo te parece demasiado aterrador o difícil de implementar, utiliza el enfoque indirecto consistente en una evaluación de 360 grados que te ayude a obtener ideas similares. En una evaluación de 360 grados, tu jefe, algunos compañeros, algunos evaluadores directos de tu desempeño y algunos otros involucrados te calificarán en una misma serie de comportamientos. Pueden calificarte como bueno o malo en ellos o tal vez evalúen la frecuencia con la que te comportas con respecto a los aspectos en los que te estén evaluando. También podrían proporcionarte el mismo tipo de consejos aplicando el enfoque de prealimentación antes mencionado. Sus respuestas serían combinadas (anónimamente) en un informe que resuma sus distintas evaluaciones con respecto a ti y lo más probable es que comparen esas puntuaciones con otras anteriores. Cuando recibas este informe, ten en cuenta que todos somos susceptibles de mejorar en algún aspecto. Y sean cuales sean los resultados, no tienes porqué sentirte avergonzado, puesto que ahora conoces los hechos y estarás en libertad de decidir qué comportamientos deseas cambiar. Si quieres ser un performer de alto rendimiento, es mucho mejor obtener estas ideas ahora que conocerlas solo hasta cuando tu carrera o tu nivel de rendimiento se hayan estancado. Además, lo que los resultados te están diciendo es: "Estos son los comportamientos que están limitando tu capacidad para ser un performer de alto rendimiento", pero eres tú quien eliges aceptarlos o ignorarlos. Si de verdad deseas llegar a tu teórico máximo de rendimiento, tu elección será fácil.

El siguiente paso es lo que separa a los performers que están dispuestos a mejorar de los que no. Quizá, te parezca tanto desafiante como humillante, pero antes de darlo, recuerda que todos a tu alrededor ya saben cómo te comportas y quieren que cambies algunos de esos comportamientos que no te favorecen y por esta razón te están brindando consejos específicos sobre cómo cambiar. Si los ignoras, ¿crees que sus opiniones sobre ti serán más positivas que negativas?

Para demostrar tu compromiso, programa una reunión individual o una llamada con cada una de las personas que invitaste a que te dieran su opinión (no importa si ellas participaron o no en la evaluación). Cuando las invites, cuéntales que esta reunión tiene como finalidad compartirles tu plan de acción y pedirles su consejo. Durante el encuentro, diles:

- Qué hiciste. "Hace poco, pasé por un proceso de evaluación de 360 grados que me ayudó a incrementar mi nivel de desempeño. No sé quién participó, así que me estoy reuniendo con todas las personas a las que invité a participar para compartirles mi plan de acción y recibir de su parte todos los consejos adicionales que quizá quieran darme".

- Qué escuchaste. "Había mucha información útil en el informe sobre lo que hago bien y lo que necesito mejorar. Me agradó escuchar que hay quienes piensan que... [Enumeras dos o tres resultados positivos reflejados en tu evaluación]. También escuché que algunos quisieran que yo fuera mejor en... [Enumeras dos o tres áreas por mejorar]".
- Cuál es tu plan de acción. "Basado en esa información, desarrollé un plan de acción sobre cómo mejoraré en los aspectos en que tengo que enfocarme y quisiera compartirlo contigo con el fin de recibir de tu parte cualquier otro consejo que quieras darme". (Describe brevemente los dos o tres pasos que planeas dar en las dos o tres áreas que hayas decidido cambiar).
- Pregunta qué consejo quieren darte. "¿Tienes otras sugerencias sobre cómo mejorar en las áreas que te mencioné?". (No discutas, ni critiques, ni descartes ninguna sugerencia que te ofrezcan. Y si necesitas entender algo al respecto, haz las preguntas que consideres necesarias).

Cuando hayas terminado de escuchar, solo da las gracias. Pregúntele a tu jefe o al representante de recursos humanos si la empresa te ofrece la posibilidad de hacer un proceso de evaluación de 360 grados y, en tal caso, cuál sería el procedimiento a seguir.

¿Qué comportamientos pueden lastimarte?

Cuando hablamos de comportamientos, nos preocupamos tanto por aquellos que contribuyen a incrementar tu rendimiento como por aquellos que lo dañan. Imagínate si, cuando estabas comenzando tu carrera, alguien te hubiera dicho: "Hoy, te diré exactamente cómo dañarás tu desempeño en el futuro, no solo este año, sino en 10, 20 o 30 años a partir de este momento. Y además, te mostraré cómo evitarás cometer esos errores". ¿Habrías escuchado lo que esa persona tenía que decirte?

Uno de los aportes más poderosos de este libro, que te garantiza que te convertirás en un performer con un mejor nivel de desempeño, es establecer qué comportamientos perjudicarán tu rendimiento. Conociéndolos, tengo la total certeza de que los evitarás.

Tú sabes que es probable que algunos comportamientos te den ventajas en cuanto a tu rendimiento. Sin embargo, si se te convierten en fortalezas exageradas, esos mismos comportamientos terminarán por afectarlo. Cuando eso sucede, estos comportamientos se convierten en "descarriladores". Por ejemplo, un descarrilador de tu aspecto personal es que decidas dejar tu cabello al natural, sin estilo, desordenado y despeinado a tal punto que tu look se vuelva un tanto desaliñado. Lo que esto significa es que, si en algún momento te olvidaras de presentar tu versión estilizada, tus descarriladores podrían salir a flote. Es más probable que te suceda cuando estás cansado, cuando has bajado la guardia frente a tus amigos o cuando estás bajo estrés.

Con seguridad que en el pasado este mismo rasgo de comportamiento te benefició durante un tiempo, pero ahora es un ancla que arrastras contigo y retiene tu progreso. Tomemos como ejemplo a una líder experta en mercadeo que logró avanzar a gran velocidad en su profesión diseñando campañas altamente creativas y exponiendo sus ideas con gran confianza en sí misma, por lo general, dentro de un ambiente en su mayoría masculino. Su convicción de que sus ideas eran brillantes era total y siempre estaba lista a defenderlas. Sin embargo, cuando fue ascendida a jefa del Departamento de Mercadeo de la empresa, esa misma fortaleza comenzó a funcionar de manera muy diferente y pasó a convertirse en un comportamiento descarrilador, ya que, a menudo, su certeza indiscutible en la calidad de sus ideas terminaba anulando a su equipo de trabajo mediante opiniones férreas que demeritaban las capacidades de los demás y disminuían su motivación y su deseo de innovar y asumir riesgos. Su gran confianza, la que le permitió surgir como líder, ahora era percibida por algunos de sus compañeros como una actitud defensiva, carente de voluntad frente a los compromisos de la empresa y del equipo.

¿Y qué decir de ese líder de una cadena de suministro capaz de construir relaciones interpersonales impecables a lo largo y ancho de la empresa? Su jefe y otros líderes superiores lo aman, pues tiene grandes instintos diplomáticos y mucho éxito, hecho que lo hace muy acertado en el desempeño de su gestión. Pero, como él valora sus relaciones con los líderes veteranos de alto nivel, cada vez que está bajo estrés, duda en tomar decisiones o, si las toma, procura que sean las que él sabe que ellos preferirían. Esta actitud causa que los miembros de su equipo sientan que él no los respalda cuando es necesario y que no tomará riesgos que los favorezcan, pues, si los toma, podría quedar mal con los líderes de alto rango. Así las cosas, lo más probable es que su incapacidad para enfrentar riesgos pronto terminará por arruinar su carrera.

Esos comportamientos se llaman descarriladores por obvias razones: te sacarán de la pista si los manifiestas con demasiada frecuencia. Todos tenemos descarriladores, incluidos los performers de alto rendimiento, así que el secreto consiste en reconocer cuáles son los nuestros y trabajar duro para mantenerlos bajo control. Esta también es una razón clave para no concentrarnos solo en nuestras fortalezas cuando diseñamos nuestro plan de desarrollo personal, pues si enfatizamos demasiado en ellas, podrían convertirse en descarriladores.

Según el legendario científico de personalidad, Robert Hogan, y Hogan Assessment, su empresa, existen 11 maneras diferentes en las que nuestros comportamientos descarrilan nuestro nivel de rendimiento. (Ver Tabla 2-4). Hogan creó exclusivamente para los lectores de *8 pasos para alcanzar máximo rendimiento* una evaluación de los descarriladores que es muy rápida y fácil de aplicar. Utilízala para comprender mejor cuáles son tus posibles descarriladores y lo que sucedería con tu nivel d rendimiento si no los corriges. (Ver Tabla 2-5).

Tabla 2-4

Los 11 descarriladores

Emotivo: ser demasiado entusiasta con respecto a la gente o los proyectos y luego decepcionarse de ellos.

- Consecuencia: dar la impresión de carecer de persistencia.

Escéptico: ser socialmente perspicaz, pero cínico y demasiado sensible a la crítica.

- Consecuencia: dar la impresión de carecer de confianza.

Cauteloso: estar demasiado preocupado por las críticas.

- Consecuencia: parecer resistente al cambio y renuente a arriesgarse.

Reservado: mostrar falta de interés o no ser consciente de los sentimientos de los demás.

- Consecuencia: dar la apariencia de ser un mal comunicador.

Confiado: ser independiente, ignorar las peticiones de quienes lo rodean y volverse irritable si ellos persisten.

- Consecuencia: Parecer obstinado, con tendencia a procrastinar y poco cooperativo.

Intenso: tener opiniones desproporcionadas sobre las capacidades y el valor de las personas.

- Consecuencia: Dar la impresión de ser incapaz de admitir errores o aprender de la experiencia.

Audaz: ser encantador, asumir riesgos y buscar nuevas emociones.

- Consecuencia: Dar la impresión de tener problemas para mantener los compromisos y aprender de la experiencia.

Desparpajado: ser dramático, llamativo y en busca de atención.

- Consecuencia: Parecer preocupado por recibir notoriedad y no sentirse satisfecho con la atención que recibe.

Perspicaz: pensar y actuar de manera interesante, inusual e incluso excéntrica.

- Consecuencia: dar la impresión de ser creativo, pero carecer de criterios acertados.

Diligente: ser concienzudo, perfeccionista, difícil de complacer.

- Consecuencia: tender a desempoderar a los demás.

Complaciente: agradar a otros dejándolos actuar a su manera.

- Consecuencia: tender a ser agradable, pero indiferente a la hora de apoyar a sus subordinados.

Fuente: Hogan Assessment Systems, Hogan Developmental Survey, 2009.

Sigue las instrucciones de la Tabla 2-5 y detectarás grosso modo cuáles son tus posibles descarriladores. Luego, vuelve a consultar la Tabla 2-4 para revisar en qué consisten las posibles consecuencias de cada descarrilador.

Para neutralizar tus descarriladores, necesitas identificar a cuáles eres más propenso y así prevenirte más fácilmente de comportarte guiado por ellos. Utiliza la retroalimentación o el enfoque de prealimentación para averiguar cuáles son esos descarriladores que más suelen dominarte. El apéndice incluye más herramientas que te ayudarán a identificarlos y neutralizarlos con mayor precisión.

Tabla 2-5

Minievaluación de descarriladores

Instrucciones: en cada una de las declaraciones enumeradas a continuación, marca si, en general, la descripción te describe (S) o no (N).

1. **Emotivo:** me he sentido muy frustrado con respecto a los proyectos a los que renuncié.

2. **Escéptico:** sé quiénes son mis enemigos.

3. **Cauteloso:** estoy convencido de que "más vale prevenir que lamentar".

4. **Reservado:** prefiero que la gente tenga que adivinar cuáles son mis verdaderas intenciones.

5. **Confiado:** soy más inteligente que mi jefe.

6. **Intenso:** algún día, la gente apreciará mi talento.

7. **Audaz:** disfruto siendo el alma de la fiesta.

8. **Desparpajado:** puedo persuadir a quienes me rodean y lograr que hagan casi cualquier cosa.

9. **Perspicaz**: a menudo, muchos se asombran de mi creatividad.

10. **Diligente**: tiendo a ser perfeccionista.

11. **Complaciente**: me enorgullezco de ser un buen ciudadano organizacional.

Puntuación: si respondiste a una pregunta con una S, es probable que ese descarrilador te esté saboteando, por lo menos, periódicamente.

Fuente: Desarrollado por el Dr. Robert Hogan, Fundador de Hogan Assessments, exclusivamente para uso de los lectores de *8 pasos* para alcanzar máximo rendimiento. Copyright Hogan Assessments. No se permite su uso sin permiso explícito.

Haz que los comportamientos funcionen en tu empresa

Hemos discutido dos modelos de comportamiento clave, pero muchas empresas tienen su propio modelo (modelo de liderazgo, modelo de valores) para calificar el nivel de rendimiento de su equipo, planificar su desarrollo o evaluar sus capacidades. Ese modelo es la declaración de cada compañía de que ciertos comportamientos son más importantes que otros. Tu función es preocuparte por conocerlos y modelarlos, dado que tu empresa se interesa en gran manera en ellos, pero considéralos con estas dos preguntas en mente:

- ¿Qué tan importantes son estos comportamientos para alcanzar tu máximo nivel de éxito? Solo porque este modelo de comportamiento existe y aparece en tu evaluación de desempeño no significa que afectará tu éxito. Sería provechoso interesarte más en aquellos comportamientos que afectan tu pago, la evaluación de tu desempeño o tus capacidades para avanzar en la empresa. Una forma más fácil de entenderlos es revisando si estos comportamientos hacen parte del proceso de gestión del rendimiento o de la evaluación del talento de tu empresa.

- ¿Qué comportamientos son los más importantes? La otra posibilidad es que algunos comportamientos en el modelo de comportamiento de tu empresa sean más importantes que otros. La mejor manera de averiguarlo es formulándole preguntas a tu jefe, tales como: ¿qué tres comportamientos son más importantes en este modelo empresarial? ¿Qué comportamientos le importan más al CEO? ¿Qué comportamientos exhiben con mayor frecuencia los líderes de alto potencial en esta empresa? Tu objetivo es saber dónde enfocar tus energías y esfuerzos. Recuerda, te ascienden porque entregas grandes resultados y modelas apropiadamente los comportamientos que más le importan a la compañía.

Concluyendo

Comprender y modelar los comportamientos que impulsan el alto rendimiento puede parecer desafiante. Después de todo, hay cientos de posibles comportamientos que tus evaluadores directos, compañeros y jefes quisieran que muestres. Pero relájate. Solo hay tres cosas que necesitas hacer: primera, entender de qué manera innata estás preparado para comportarte y cómo la gente te ve comportarte hoy. Segunda, identificar cuáles son esos pocos comportamientos más importantes para alcanzar el éxito en el trabajo. Y tercera, desarrollar un plan de acción que te ayude a adaptarte a esos comportamientos lo más rápido posible.

La finalización del primero y el segundo de los ocho pasos que te propongo significa que ya estás listo para dar grandes resultados y que has desarrollado comportamientos generadores de alto rendimiento, pero eso no quiere decir que ya tengas asegurado tu éxito. Así que te invito a continuar cultivando estas capacidades y a seguir preparándote para competir con quienes quieran superar tu nivel de rendimiento. El tercer paso "Crece más rápido", te muestra cómo.

¿Qué podría interponerse en tu camino?

- La empresa en la que estoy trabajando no tiene un modelo de comportamiento específico. ¿En qué debería basarme para guiar mis comportamientos? Pregúntale a tu jefe qué tres comportamientos te harán un performer de alto desempeño o comienza con el modelo de líder transformacional o básate en las habilidades generadoras de rendimiento descritas en este capítulo.
- Mi jefe tiene su propia opinión con respecto a qué comportamientos son importantes en el desempeño de mi cargo, pero la empresa opina distinto. ¿A quién debo escuchar? Si el modelo de comportamiento de la empresa es utilizado para determinar tu nivel de rendimiento, ayudarte en tu desarrollo o evaluarte a la hora de ascenderte, entonces, ese es el modelo a seguir. Si no es así, consulta con compañeros de trabajo a los que les tengas confianza y que conozcan bien la cultura de la empresa. Pregúntales si, según la experiencia que ellos han tenido dentro de la empresa, el modelo planteado por el jefe se ajusta más a los comportamientos que realmente importan. Tal vez, tu jefe conoce el camino secreto hacia el éxito o, simplemente, tiene una opinión bastante sólida sobre los comportamientos que dan más resultados dentro del proceso empresarial.
- Los comportamientos no importan en esta empresa. La gente se comporta mal y/o los comportamientos no están incluidos en nuestra valoración de desempeño. Solo porque los comportamientos no están in-

corporados en el cableado de tu lugar de trabajo, no significa que no importen. La cultura empresarial te enviará fuertes señales sobre qué comportamientos espera de sus empleados. Pregúntale a tu jefe y/o a otros dentro de la empresa a quienes consideres performers de alto rendimiento sobre cuál es su opinión con respecto a los comportamientos de alto desempeño que se manejan dentro de la empresa. Quizá, las personas que te parece que se están comportando de manera inadecuada están entregando tan altos resultados que la empresa les está dando una tregua con respecto a su mal ejemplo. También es posible que otros no estén percibiendo los mismos comportamientos que tú o, de lo contrario, la empresa los despediría en un abrir y cerrar de ojos. Tu mejor estrategia es entender y modelar lo mejor posible los comportamientos más relevantes en tu desempeño.

- Los comportamientos modelo de mi empresa no se alinean con mis valores. Hay una elección fácil de hacer en la eventualidad de que no estés de acuerdo con los comportamientos que tu empresa quiere que modeles porque los considera fundamentales mientras que para ti son opuestos a tus valores personales. A menos que seas el CEO, tienes poca o ninguna influencia para cambiarlos, motivo por el cual, o te adaptas a lo requerido por tu empresa o encuentra un nuevo empleador cuyos valores y los tuyos sí estén alineados.

- Tenemos un nuevo CEO (o líder regional o líder del distrito) que nos está exigiendo un conjunto diferente de comportamientos a los propuestos por nuestro antiguo CEO. Durante tu carrera, tendrás muchos jefes con muchas opiniones sobre la forma correcta de comportarse. Ojalá sus puntos de vista no sean tan radicalmente diferentes como para que te causen extrañeza. Mientras tus comportamientos estén en relativo acuerdo con lo que la empresa requiere, bien vale la pena que hagas lo posible por adaptarte al nuevo jefe.

- ¿Cómo puedo arreglar mis comportamientos descarriladores? Ya que estos forman parte de tu personalidad básica, no puedes arreglarlos de manera permanente, pero sí puedes aprender a reconocerlos y a controlarlos. Por ejemplo, necesitas saber que uno de tus descarriladores es tu escepticismo y que este suele llevarte a desconfiar de lo que otros dicen, a poner en duda sus verdaderas intenciones o a que te parezcan cínicas.

Por lo tanto, si te encuentras en una reunión donde un expositor está presentando un análisis con el que no estás de acuerdo, debes tener muy presente que tu tendencia suele ser desconfiar casi de inmediato de otros puntos de vista o desafiar la capacidad analítica de quienes te rodean. Si sabes que ese es uno de tus descarriladores cada vez que escuchas ideas o conceptos que tú percibes como falsos o incorrectos, di algo como: "¿Podrías darme un poco más de información sobre la fuente de esos datos y por qué hacen parte de tu análisis?" o "¿Existen otras conclusiones que podríamos sacar de ellos?".

- No respeto la opinión de todos por igual. ¿Tengo que preguntarles a todos sobre sus opiniones acerca de mi comportamiento? No. Es más probable que actúes basado en la retroalimentación o prealimentación que recibes de las personas a las que respetas. El peligro en ese caso es que, si solo seleccionas personas que estén de acuerdo con la opinión que tienes de ti mismo, quizá te pierdas de la oportunidad de recibir ideas y sugerencias que podrían ayudarte a ser un performer de más alto rendimiento.

Recuerda y aplica

La ciencia afirma que:

- Tu personalidad básica influye en tus comportamientos, pero eso no es una excusa; eres tú quien, finalmente, controlas tu forma de comportarte.
- Tú sabes qué comportamientos tienden a descarrilarte, así que empieza a corregirlos de inmediato.
- Algunos poseen características de personalidad innatas que les dan una ventaja de rendimiento natural en situaciones específicas.

Deberías:

- Conocer cuál es tu personalidad básica y saber a ciencia cierta cómo manejar tus comportamientos.
- Identificar qué comportamientos son más importantes para alcanzar el éxito en tu entorno actual y elegir tres actividades específicas que creas que necesitarás para implementarlos.
- Conocer tus descarriladores y tener un plan para manejarlos cada vez que traten de salir a flote.

Trata de usar:

- El inventario de los 10 rasgos de la personalidad más influyentes en tu nivel de desempeño. (Ver el APÉNDICE).
- Una minievaluación de tus descarriladores (Ver Tabla 2-5).

Tercer paso

Crece más rápido

En septiembre de 2010, el empresario multibillonario y cofundador de PayPal, Peter Thiel, hizo una afirmación que causó que los padres de familia de la clase media les cubrieran las orejas a sus hijos y que los decanos de Ivy League retrocedieran horrorizados. Thiel sugirió que los niños inteligentes podrían no estar beneficiándose de asistir a la universidad y cuestionó todo el costo económico de la educación superior formal. Luego, respaldó su declaración anunciando la Beca Thiel Fellowship —una beca de $100.000 dólares por dos años para estudiantes que elijan no asistir a la universidad y quieran realizar sus sueños empresariales sin tener que recibir educación formal[1].

El proceso de selección anual de los solicitantes es increíblemente riguroso y solo son aceptados entre 20 y 25 aspirantes, es decir, menos del 1% del total de los particitantes[2]. Comparativamente hablando, la Universidad de Harvard acepta un promedio del 5% de los aspirantes a sus programas de cuatro años, cuyo costo es de más de $250.000 dólares[3]. El hecho es que, una vez seleccionados los becarios de Thiel Fellowship, son libres de perseguir sus metas, bien sea que estas se traten de construir el próximo Google, dirigir una investigación científica o generar un movimiento social. Todos reciben asesoramiento, redes de apoyo y el invaluable sello de calidad de Thiel Fellowship.

El anuncio de Thiel provocó que las más altas esferas de la burocracia de la educación superior se estremecieran y que el expresidente de la Universidad de Harvard, Larry Summers, manifestara: "Creo que el gesto de filantropía más mal dirigido de esta década es el programa especial de Peter Thiel que intenta sobornar a la gente para que abandone la universidad"[4]. El argumento en contra del enfoque de Thiel es que los desertores escolares exitosos, como el fundador de Microsoft, Bill Gates, y el fundador de Facebook, Mark Zuckerberg, son la excepción, no la norma. Sus detractores afirman que es muy poco probable que otras mentes jóvenes se beneficien al seguir un camino similar y que aquellos sin títulos universitarios de cuatro años ganan alrededor de $24.000 dólares menos al año que sus contemporáneos graduados a nivel universitario[5].

El hecho es que el debate entre Thiel y Summers plantea una pregunta interesante para cualquiera que anhele ser un performer de alto rendimiento: ¿Cuál es la forma más rápida y segura de crecer exitosamente?

Por qué es importante

Tú compites todos los días contra cada individuo en tu empresa o industria que quiere ser un performer de alto rendimiento. Si creces más rápido que los demás, tendrás un mejor desempeño hoy y tendrás más oportunidades para desempeñarte mejor en el futuro. Esas oportunidades te capacitarán aún más y atraerás otras nuevas que también contribuirán en tu proceso de aprendizaje, así establecerás un ciclo virtuoso que consiste en que, si sabes cómo aplicar efectivamente tus nuevos aprendizajes, avanzarás más rápido y con más éxito que quienes se desenvuelven en tu mismo campo de acción. Esa es una manera ideal para acercarte rápidamente a tu teórico máximo de rendimiento.

Además, la mayoría de los ejecutivos entiende que el talento de mejor calidad ofrece mejores resultados en los negocio y buscará ese talento raro, le pagarán muy bien y le darán más oportunidades para continuar avanzado en su desarrollo laboral. Cuando creces, obtienes una mejor selección de trabajos y más dinero en tu bolsillo. Cada minuto en el que no incrementas tus capacidades estás perdiendo tu ventaja competitiva con respecto a alguien que sí está trabajando duro para ser cada vez más experto en su campo. Es por eso que "crecer más rápido" es el tema primordial de este tercer paso para convertirte en un performer con un nivel óptimo de rendimiento.

Lo que sabemos

La gran noticia sobre el crecimiento es que tú tienes mucho control sobre cuánto y qué tan rápido creces. Cuanto más crezcas en los campos adecuados, más probable será que te conviertas en un performer de alto rendimiento. Cuando creces, construyes inteligencia pura, ingresas más contenido útil a tu cerebro —más datos, infinidad de puntos de vista y una mayor cantidad de observaciones que podrás utilizar para generar mejores resultados.

Las investigaciones sobre cómo crecer son claras. Todo lo que necesitas recordar es el mantra "70/20/10" que afirma que, aproximadamente, el 70% de tu crecimiento profesional proviene de tus experiencias laborales; el otro 20% depende de la retroalimentación y prealimentación que hayas recibido de expertos y el 10% restante se lo debes a la educación formal. (Ver Figura 3-1). Esta relación 70/20/10 refleja los recursos que muchos líderes exitosos obtuvieron durante su proceso para construir sus carreras[6].

Dichos porcentajes tienen muy buen sentido, pues, si el aprendizaje formal constituyera la mayor parte en este modelo, estudiarías mucho, pero nunca conseguirías poner en práctica tus conocimientos. Si la retroalimentación y la prealimentación abarcaran la mayor parte de este mantra, gastarías demasiado tiempo escuchando las opiniones de lo que hiciste mal y no tendrías suficiente tiempo para practicar y mejorar. Tal vez, ese 70% de experiencia versus el 10% de educación formal sea una de las razones por cuales Thiel afirmó que los jóvenes brillantes deberían concentrarse en acumular experiencias en lugar de estudiar durante cuatro años y más hasta adquirir un título universitario.

Figura 3-1

Cómo crecer

Actividad	Cómo contribuye
Experiencias significativas y desafiantes: 70%	Pone a prueba y aumenta tus capacidades.
Coaching, observación y retroalimentación: 20%	Te proporciona orientación sobre cómo desarrollar o mejorar tu rendimiento y tus comportamientos.
10% de aprendizaje formal en aulas y cursos.	Te brinda un aprendizaje estructurado de conocimientos.

Algunos sostienen que la relación 70/20/10 subestima el aprendizaje, porque a este aspecto se le dedica solo el 10% del tiempo y la atención. Mi respuesta es que yo, personalmente, me siento muy contento de que mi médico de cabecera haya tenido que asistir a cuatro años de escuela médica para capacitarse sobre cómo desempeñar bien su profesión. Sin embargo, fueron esos 20 años de experiencia después de su formación académica los que lo convirtieron en el gran médico que es hoy en día. Con esto no estoy afirmando que la educación formal no sea importante, pero sí estoy de acuerdo en que deberías analizar qué palancas te catapultarán y te harán un mejor performer en menos tiempo. La educación, aspecto que parece ser crucial para alcanzar el éxito, a menudo no lo es. Solo 39 de los CEO de *Fortune 100* tienen un MBA y muchos de ellos ni siquiera los cursaron en las mejores instituciones universitarias[7].

Crece más rápido

Piensa en el crecimiento como si fuera un ciclo: actuar, obtener retroalimentación y actuar nuevamente, pero mejor (ver el ciclo de aprendizaje en la Figura 3-2). Cuanto más rápido y más a menudo te muevas a través de ese ciclo, más rápido te desarrollarás y obtendrás una próxima oportunidad para aprender una nueva habilidad, probar un nuevo comportamiento y recibir comentarios más útiles. Cada ciclo por el que te mueves debe hacerte más competente y competitivo.

Para crecer más rápido, necesitas saber qué actividades de desarrollo son más importantes para ponerlas en práctica lo más rápido posible. Pocas personas manejan su vida laboral con este nivel de propósito y disciplina. Necesitas ser muy claro acerca de cuál es tu destino deseado en ese viaje hacia tu desarrollo, —un aspecto demasiado obvio que falta a menudo en el momento de elaborar un plan de crecimiento. Los tres pasos para crecer más rápido son:

FIGURA 3-2

El ciclo de aprendizaje

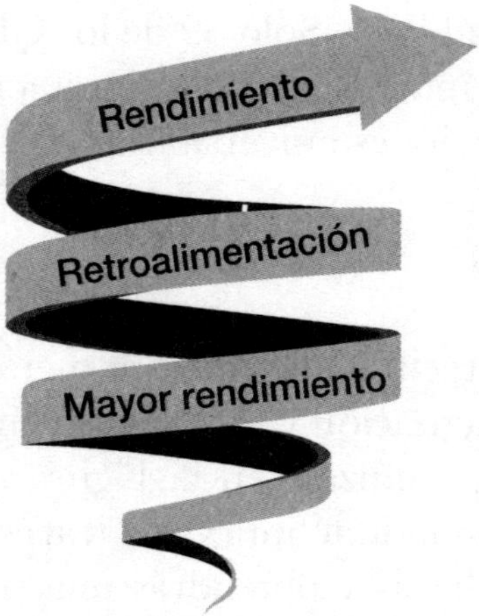

1. Determinar tu *Desde/Hasta.*
2. Acumular experiencias y crear un mapa personal de experiencias.
3. Obtener retroalimentación y prealimentación con respecto a tus capacidades y comportamientos.

1. Determinar tu *Desde/Hasta*

Si deseas obtener instrucciones de manejo desde Google Maps, Google te pide dos tipos de información: tu ubicación actual y tu ubicación deseada. Cuanto más precisamente ingreses cada coordenada, más seguro estarás de llegar al punto que quieres. Si ingresas "Costa Este, EE. UU." como tu ubicación actual y "Costa Oeste, EE. UU." como tu ubicación deseada, es muy probable que avances en la dirección correcta, pero no sabrás con exactitud dónde ir, ni cuándo llegarás.

En cambio, si ingresas que irás desde "Grand Central Station, New York" hasta "Santa Mónica Pier, en Santa Mónica", conocerás el camino, cómo reconocer si ya estás ahí y cómo seguir avanzando hacia otros lugares. Para crecer, deberías seguir exactamente el mismo proceso, especificando claramente dónde estás hoy y cuál es tu destino deseado. La mayoría de la gente retrasa su crecimiento porque no tiene una idea definida con relación al camino que debe seguir para ir en pos de su desarrollo en cualquiera de las áreas de la vida.

Por lo tanto, ya sea que utilices el proceso de desarrollo individual de tu empresa o que crees un plan de desarrollo por tu propia cuenta, necesitas ser preciso y brutalmente honesto contigo mismo acerca de cuál es tu origen y cuál será tu destino. Podrías comenzar con un marco que mi colega Jim Shanley llama "desde/hasta", que te ayuda a entender con la mayor exactitud posible cómo te perciben los demás hoy y cómo quieres que te vean en el futuro. El desde/hasta consiste en dos breves afirmaciones, una que describe dónde te encuentras hoy y otra que describa tu próximo gran (no tu último) destino. Ambas tienen que ser directas, honestas y específicas, y cuando las definas, necesitas ser claro sobre qué paso evolutivo tomarás a partir de ese momento.

Ejemplos de declaraciones desde/hasta incluyen:

- Desde: ser un trabajador independiente que ofrece un servicio de alta calidad a través de su experiencia técnica y siguiendo muy de cerca la retroalimentación que recibía de su clientela.
- Hasta: sonvertirme en un líder popular que sabe cómo implementar estrategias claras y entregar resultados a través de mi pequeño equipo de trabajo.
- Desde: ser un experto en el área de marketing transformacional, confiado en mi instinto para tomar decisiones y con la red de contactos necesaria para obtener resultados con respecto al cumplimiento de mis metas.

- Hasta: ocupar el cargo de CEO encargado de tomar decisiones basadas en hechos. Y por muy difíciles de tomar que sean, las tomo en el momento oportuno.
- Desde: ser un estratega de negocios que solía parecerles distante y desdeñoso a aquellos con menos potencial intelectual que yo.
- Hasta: llegar a ser un gerente general que alinea e inspira a su equipo de trabajo a través de conexiones personales y demostrando interés genuino en las personas.

Cada una es una declaración clara y precisa sobre dónde se encontraban estos performers y hacia dónde se dirigieron. Su claridad podría sorprenderte, en especial, la tercera, pues hace evidente que es difícil, pero esencial, que tengas claro tu propio desde/hasta si quieres que tu plan de desarrollo sea concreto. Si tus declaraciones son vagas, ten la seguridad de que también lo serán tus coordenadas de inicio y fin. Los anteriores son ejemplos reales de ejecutivos exitosos que hicieron un progreso enorme una vez tuvieron claras sus necesidades. Dos de ellos, ahora son CEO: uno, de una cadena minorista de $10 mil millones de dólares y el otro, de una empresa especializada en gafas.

Tú también obtendrás una información precisa de tus desde/hasta una vez que recibas retroalimentación y prealimentación. La ciencia es clara: todos los que trabajan con nosotros nos ven con mayor precisión de la que podemos vernos a nosotros mismos; por lo tanto, sus ideas y opiniones nos servirán para guiarnos con más objetividad durante nuestro viaje. Esto es especialmente importante si te consideras a ti mismo como un performer de alto rendimiento, ya que es muy probable que estés pensando que tus habilidades y conductas actuales te mantendrán en el camino indicado hacia el éxito. En ese caso, estarías ignorando el consejo del *bestseller* de Marshall Goldsmith mediante el cual les recuerda a los lectores que "lo que los trajo hasta aquí no los llevará hasta allá"[8].

Es por esta razón que los líderes más experimentados de la empresa a la cual perteneces deberán guiarte desde/hasta porque son sus opiniones, no las de tus compañeros, ni las de tus evaluadores directos, las que decidirán cómo llegarás a progresar dentro de la organización. Para obtener su asesoría:

- Identifica a quién preguntarle. Elige a tu jefe y a dos o tres otros líderes experimentados con los que hayas trabajado o que conozcan tu nivel de desempeño.
- Pídeles sus puntos de vista. Preséntales el concepto de desde/hasta junto con los ejemplos que leíste anteriormente. Pregúntales qué opinan al respecto. Explícales que esta dinámica les tomará solo unos minutos, pero que sus opiniones serán trascendentales para ti. Diles que sean brutalmente honestos, porque su transparencia te permitirá crecer más rápido. Reúnete con cada uno de ellos y escucha sus opiniones o, si son más transaccionales, podrían responderte por correo electrónico. Estos líderes no necesitan ser expertos en tu función, aunque te ayudaría si lo fueran. Solo necesitan conocerte lo suficiente y darte una opinión de lo que requerirás para alcanzar tu futuro éxito en la organización.
- Analiza lo que te dijeron con respecto a tu desde/hasta. Usa esas opiniones que recogiste para crear la versión final de tus desde/hasta. ¿Cuáles afirmaciones te parecen más directas y te sacan de tu zona de confort? ¿Cuáles parecen tan lejanas como para significarte un desafío significativo? ¿De quién es la opinión en la que más confías? Toma todas esas declaraciones como la materia prima con la que practicarás escribiendo diferentes versiones de lo que se-

ría tu mejor desde/hasta. Pregúntales a los líderes que te dieron sus opiniones o a algunos colegas de confianza qué opinan de esas versiones en borrador. Con todo esto, ya estarás listo para desarrollar tu declaración final de desde/hasta.

Ahora que tu declaración de desde/hasta te aclaró hacia dónde dirigirte en tu viaje de crecimiento, enfócate en cómo llegar rápido a tu destino.

2. Acumular experiencias y crear un mapa personal de experiencias

Dado que la relación 70/20/10 indica que las experiencias son las que mejor aceleran el crecimiento, pregúntate con cierta regularidad: "¿Qué próxima experiencia guiará mi carrera más rápidamente en la dirección deseada?". Esta pregunta es útil en cualquier momento de tu carrera, desde cuando estás asando hamburguesas hasta cuando eres un CEO. La clave para ser un performer de alto desempeño es obtener tantas experiencias exitosas y de alta calidad como puedas y lo más rápido posible.

Una experiencia es lo que logras cuando entregas resultados de alta calidad en medio de un desafío significativo. Puede que tengas que usar muchas habilidades y comportamientos diferentes para lograrlo, pero es tu capacidad para combinar esos dos aspectos la que te genera experiencia. Por ejemplo, "crear una estrategia de marketing para un nueva línea de negocio" es una experiencia. Quizá, tengas que analizar su penetración en el mercado actual e inspirar a un nuevo equipo en torno a una visión clara que te ayude a llegar a ese resultado, pero esas son tareas y comportamientos, no una experiencia.

Las experiencias son tu herramienta de desarrollo más importante, motivo por el cual querrás comprender cuáles construirán tu carrera y, lo que es más importante, cuáles son esas pocas y muy significativas experiencias que te ayudarán a construir tus desde/hasta. Por lo general, tu mapa de experiencias personales actualizado deberá convertirse en la guía de tu carrera, pues te muestra qué experiencias te conviene adquirir durante los próximos tres a siete años para acelerar tu carrera. Es un documento de planificación muy práctico que te describe cómo producir el más alto nivel de rendimiento. "Producción" es el tipo de mentalidad que deberías mantener. Así como un fabricante planifica con sumo cuidado cómo producirá sus productos, bajo qué especificaciones estará construyéndolos, cuáles son los pasos de fabricación requeridos, cómo mantendrá la producción en movimiento, su mapa de experiencias es su plan de producción individual. Así que cada experiencia que tengas contribuirá a convertirte en un performer más capaz, más seguro de sí mismo y de más alto rendimiento.

Dos tipos de experiencias acelerarán tu desarrollo: las experiencias funcionales y las experiencias de gestión (ver Figura 3-3). Las experiencias funcionales te ayudan a convertirte en un experto en tu campo: comercialización, cadena de suministro, mejoramiento y producción, etc. Te permiten probar que eres muy competente en lo que haces. Las experiencias de gestión te ayudan a demostrar que eres capaz de entregar resultados y de liderar en una variedad de situaciones desafiantes. No solo has sido un gran vendedor en una región determinada, sino que también has demostrado que eres capaz de liderar en el mercado cuando tienes un nuevo equipo y también en circunstancias difíciles y en distintas geografías. Cuando tú logras enfrentar con éxito estas experiencias desafiantes, le demuestras a la empresa que eres un líder versátil que merece una oportunidad para desempeñar roles más grandes y más importantes.

Ahora, crea tu mapa de experiencias personal haciendo los siguientes movimientos.

Figura 3-3

Dos clases de experiencias

Experiencias funcionales	X	Experiencias administrativas	=	Crecimiento más rápido
Eres genial en algún campo –finanzas, suministro, dirección general, mercadeo.		Has entregado resultados bajo diferentes gestiones, liderazgos y retos geográficos.		

ENTREVISTA A EXPERTOS EN TU CAMPO. ¿Qué cualidad es la más importante en tu función o área de trabajo? Saber qué es lo mejor y lo más brillante en tu campo te ayudará a comprender qué experiencias te permitirán estar entre el 10% superior y convertirte en un experto. Entrevista a esos líderes y aprende qué experiencias construirán tu excelencia funcional. Las entrevistas te darán la materia prima para crear tu mapa personal de experiencia.

- Identifica a los mejores expertos. Idealmente, quieres entrevistar a los mejores en tu campo, no a los mejores en tu empresa, ni en tu país. Si deseas ser un director de finanzas (CFO), identifica quiénes son los 10 CFO que más admiras o de mayor reconocimiento en tu industria. Si tu objetivo es ser grande en la fase inicial de desarrollo y producción en la industria farmacéutica, sigue el mismo proceso. Busca las listas de los "mejores" líderes en esa industria específica (el mejor director de mercadeo, el mejor jefe de informática, etc.) en artículos, revistas especializadas, en las listas de conferencistas reconocidos por el público o en las referencias que hacen los líderes que trabajan en tu compañía.

- Solicita una entrevista. Envíale un correo electrónico a cada líder con el que quieras reunirte, enmarcando tu solicitud como una conversación casual en la que ellos podrán colaborarle a alguien que pertenece a su campo de acción. Recuerda que estás pidiéndoles que te dediquen una parte de su valioso tiempo, así que procura que tu solicitud sea corta y directa. Algo así como:
  - "Estimado ______: Felicitaciones por estar en la lista de ______ /. Leí su artículo reciente en ______ /. Su colega ______ me lo recomendó por ser alguien que se ha distinguido en [su campo]. Sus ideas serían muy útiles para mi crecimiento profesional. Sé que su tiempo es valioso y me gustaría saber si me podría dedicar de quince a veinte minutos con el fin de aconsejarme sobre cuáles serían las cuatro o cinco experiencias que usted considera como las más valiosas para convertirse en un [posición]. Durante esta conversación, no es mi intención buscar trabajo, ni pasantías. ¿Estaría de acuerdo en que programáramos una corta llamada telefónica en algún momento las próximas semanas?".
- Pídeles sus puntos de vista. Durante tu llamada, pregúnteles lo siguiente y toma notas detalladas:
  - "¿Cuáles son las experiencias funcionales [no necesariamente empleos] que usted cree que le ayudan a un performer a convertirse en un [gerente general, arquitecto de TI, director de finanzas] de alto rendimiento?". El propósito de esta pregunta solo tiene que ver con qué tipo de experiencias contribuyen al crecimiento en [este campo, función, disciplina].

– Otra forma de preguntar es: "¿En qué se enfoca usted cuando está revisando el currículum de alguien que sobresale en ______?". Si estás teniendo problemas para obtener información de calidad, pregunta sobre las experiencias más valiosas que tus entrevistados han tenido en sus propias carreras. Luego, agradéceles y pídeles su autorización para volver a conectarte con ellos en el caso de que tuvieras más dudas o preguntas. Ofrécete a compartirles tu mapa personal de experiencias. Entrevista a distintas clases de líderes, ya que sus diferentes perspectivas serán valiosas y sus experiencias personales e individuales enriquecerán sus opiniones. Además, disponte a que algunos de ellos responderán fácilmente a tus preguntas mientras otros lucharán para hacerlo. Ten en cuenta que ellos son ejecutivos inteligentes, no expertos en desarrollo, así que toma sus comentarios como un regalo, incluso si algunos no te proporcionan ese tipo de información que necesitas.

CREA TU MAPA PERSONAL DE EXPERIENCIA. Tus entrevistados te proporcionarán la materia prima necesaria para crear tu mapa personal de experiencias. Revisa tus notas y haz una lista de las experiencias que ellos te describieron. No todo lo que oíste será útil; alguna opinión se impondrá sobre la que los demás hayan expresado o la contradecirá. Tu objetivo es clasificar toda esa información e identificar cuáles son aquellas experiencias funcionales específicas que más acelerarán tu carrera.

Una experiencia funcional debe describir un resultado empresarial significativo: abrir una nueva planta de producción, liderar un gran equipo a través de un cambio radical en el negocio o cerrar una sucursal de la empresa. El hecho es que deberá ser una pieza significativa en la construcción de tu cargo o en tu capacidad de liderazgo y, además, también deberá tener significado para otros en tu campo. Combina las experiencias que hayas enumerado en tu lista y que sean casi las mismas y elimina todo lo que se trate de comportamientos o habilidades. (Ver las diferencias en la Figura 3-4).

Las experiencias funcionales que necesitas para tener un alto desempeño en tu campo son únicas en tu profesión, pero las experiencias de gestión serán muy similares en todas las profesiones, ya que desarrollan las capacidades genéricas que son valiosas, por ejemplo, en todos los gerentes, sin importar su función. Para simplificar, usa estas experiencias cuando crees tu propio mapa de experiencias. (Ver la Figura 3-5).

Figura 3-4

Diferencias entre experiencias y comportamientos o habilidades

Experiencias	Comportamientos	Habilidades
Manejé el carro desde mi casa hasta mi trabajo sin tener un accidente.	Obedecí todas las señales de tráfico y fui considerado con otros conductores.	Puedo operar un vehículo de motor y soy capaz de leer y entender las señales de tráfico.
Construí y abrí una fábrica de *widgets* en un país en desarrollo.	Entendí y operé dentro de la cultura de la empresa y motivé a mi equipo a que cumpliera dentro de unos plazos bastante cortos.	Manejé un proyecto a gran escala, las relaciones sindicales y la programación de producción de la fábrica.

Cuadré la contabilidad de una compañía muy importante.	Aclaré rápidamente las discrepancias en los libros de contabilidad y reté a los líderes que sugirieron no usar el enfoque de las NIFF.	Tengo habilidades contables para hacer análisis financieros y presentar informes.

Figura 3-5

Mapa personal de experiencia

Mi meta laboral es ________________________________
por ________________.

Desde: ser un trabajador independiente que ofrece sus servicios a través de experiencia técnica y siguiendo instrucciones.

Hasta: convertirme en un líder que genere estrategias claras y entregue resultados a través de un pequeño equipo de trabajo que sepa seguir instrucciones.

Experiencias funcionales Necesito	Experiencias de gestión Necesito
Experiencias de planificación Liderar un proyecto grande y multifuncional o un cambio de iniciativa. Desarrollar una estrategia y un plan de acción empresarial. Planificar, desarrollar y presentarles un "Plan vacacional" a los inversionistas. Liderar una importante iniciativa de reducción de costos.	**Experiencias del ciclo de vida empresarial** Liderar en un nuevo mercado para nuestra empresa. Dirigir el cambio hacia unas instalaciones más grandes o hacia otro tipo de mercado.

Experiencias de abastecimiento	Gestionando experiencias
Liderar un proyecto empresarial complejo.Liderar el cambio en el área de sostenibilidad mediante la participación interna/externa de las partes interesadas, incluyendo proveedores. Liderar la transición de un proveedor clave, incluyendo el manejo de riesgos, la representación de los valores de la empresa y la comunicación entre las partes interesadas. **Ganando experiencia** Administrar una instalación con más de 50 empleados tanto a nivel profesional como operario y de servicios.	Gestionar en un entorno basado en matrices. Construir un equipo desde cero. Liderar a más de cuatro niveles de la organización que se reportan conmigo y me presentan sus informes. **Experiencias geográficas** Vivir y trabajar en dos países fuera de los Estados Unidos y en al menos uno donde el inglés no es el idioma nativo.

Probables barreras para mi plan:

-
-
-

Cómo superé las barreras:

-
-
-

- Experiencias del ciclo de vida empresarial: liderar en las diversas partes del proceso de evolución de la empresa o del producto, bien sea en un cambio de situación, durante el comienzo de un proceso, generando un ambiente laboral estable, trabajando en un mercado en desarrollo o en uno ya establecido.

- Gestionando experiencias: liderar en entornos en los cuales pongas a prueba tus habilidades directivas, tales como entrenar a un equipo de bajo nivel de rendimiento, dirigir un gran equipo, gestionar uno en el cual tengas influencia, pero no autoridad, liderar en un entorno matricial o en una ambiente altamente político.
- Experiencias geográficas: tener experiencias fuera del lugar geográfico en el que naciste, donde el idioma local no sea el tuyo.

Selecciona de cuatro a siete experiencias funcionales y de tres a cuatro experiencias de gestión que creas que te beneficiarán más y añádelas a tu mapa de experiencias personales, el cual debe ser enfocado y realista: una hoja de referencia que usarás con regularidad para planificar tu crecimiento y evaluar tu progreso.

Dicho mapa será tu guía de aquí en adelante para continuar incrementando tu nivel de rendimiento. Crearlo será una de tus mejores inversiones de tiempo. Revisa su contenido cada vez que cambias de trabajo o empresa y, por lo menos, cada seis meses con el fin de garantizar que siga siendo una guía actualizada y útil.

El proceso del mapa personal de experiencias es el enfoque que mi firma les enseña a las grandes empresas globales para que puedan acelerar el crecimiento de sus talentos, así que confío en que también sea altamente efectivo para ti.

Ahora, ya tienes el control de tu desarrollo porque sabes cuáles son tus desde/hasta y tienes tu mapa personal de experiencia. Solo falta tener en cuenta un aspecto más.

3. Obtener retroalimentación y prealimentación con respecto a tus capacidades y comportamientos

Anteriormente, vimos el ciclo de aprendizaje simple que consiste en rendimiento retroalimentación, mayor rendimiento. Tus grandes experiencias solo importan si las ves como oportunidades de aprendizaje a partir de las cuales exprimes cada onza de retroalimentación y visión. Al final de cada una de ellas, reúnete con la persona que te dio esa oportunidad (puede o no ser tu jefe) para hacer un informe estructurado. Pregúntale:

- "Además de generarte resultados, ¿qué otras expectativas tenías con respecto a mi capacidad de aprender a través de esta experiencia? ¿Crees que aprendí todo lo que debía? ¿O tal vez muy poco? ¿O nada?".
- "Basándote en mi desempeño, ¿qué consejo me darías para cuando tenga que afrontar experiencias similares?".
- "¿Qué otra sugerencia me harías sobre cómo llegar a ser cada vez más un performer con mayor nivel de rendimiento?

TRABAJA A LA PAR CON EL PROCESO DE DESARROLLO DE TU EMPRESA. Muchas empresas preparan un proceso de desarrollo anual en el que tanto el jefe como sus empleados planean en qué consistirá el desarrollo de cada uno de ellos dentro de la empresa en ese periodo. Cuando sea tu turno, tu mapa personal de experiencias deberá ser tu guía principal y complementar el plan de tu empresa. Para garantizar que obtendrás lo que necesitas por parte del proceso de desarrollo de tu empresa, haz lo siguiente:

- Entiende qué es "lo esencial" para tu jefe. Probablemente, me responderías casi de inmediato si te preguntara qué es eso tan esencial que tú crees que tu cónyuge, tu hijo, tu padre o tu mejor amigo podrían hacer para desempeñarse mejor en el rol que les corresponde. De igual manera, tu jefe también está esperando que le hagas esa misma pregunta. Solo tienes que preguntárselo. El enfoque y la claridad son factores poderosos en el desarrollo, así que pregúntale: "¿Qué es aquello esencial que debo mejorar o cambiar este año para ser un performer de más alto rendimiento que el año pasado?". Su respuesta debe convertirse en tu principal objetivo en el plan de desarrollo individual de tu empresa. No tendrás tiempo para realizar dos o tres actividades de desarrollo, así que concéntrate en lo que tu jefe cree que es lo más esencial.

- Lidera con tu mapa personal de experiencias. Tu jefe no es un experto en desarrollo, así que no debes esperar que te dé ideas perfectas para seguir avanzando en tu desarrollo. Si preparaste tu mapa personal de experiencias, guía la conversación sobre el tema de tu desarrollo diciendo: "He pensado en la meta que necesito alcanzar para convertirme en un [posición] y creo que la próxima experiencia que más aceleraría el desarrollo de mi carrera es ______". Escucha la respuesta y, si tu jefe está de acuerdo, pregúntale qué acciones específicas te ayudarían a tener la oportunidad de vivir esa experiencia. Si no está de acuerdo, pero su sugerencia está en tu mapa, ¡genial! Si no es así, utiliza toda tu capacidad de influencia para convencerlo de que tú serás un performer de alto nivel de desempeño en esa experiencia que le estás pidiendo. Si eso falla, decide si esa sugerencia de desarrollo que él te propone será la que mantendrá tu proceso de producción personal en movimiento.

A veces, las sugerencias de desarrollo de los jefes son más una táctica para convencerte de algún paso que les gustaría que tomes, como asistir a un curso de capacitación. En ese caso, acepta su sugerencia al mismo tiempo que le pides apoyo en cuanto a la experiencia que quieres que sea parte de tu mapa.

Al planear cómo crecer, ten en cuenta estas dos difíciles verdades:

- Tu jefe no es un experto en desarrollo. A menudo, los jefes se encargan de diseñar los planes de desarrollo de sus empleados, motivo por el cuál sería de suponerse que ellos son altamente calificados en esa área. Sin embargo, recuerda que tu jefe no es un experto en en el tema. Su propia trayectoria profesional podría no ser el modelo más adecuado para tu carrera y quizás él no tenga la información precisa sobre cuál será la mejor forma de que tú avances. Es probable que él nunca haya sido entrenado en cómo hacer un gran plan de desarrollo. Por esta razón, él debe ser una fuente, pero no la única fuente, que te ayude a elaborar tu plan de desarrollo personal.
- El proceso de desarrollo formal de tu empresa quizá no sea suficiente para ti. Es posible que no creas conveniente externalizar esta verdad frente a tu empleador, así que asume la responsabilidad de tu éxito. Esta mentalidad es útil cuando analizas el proceso de desarrollo individual de la empresa. Mi experiencia es que este proceso no suele ser tan riguroso como debería ser, ya que el desarrollo de las metas suele ser borroso, porque, por lo general, al jefe no se le pide que les haga seguimiento a los planes de desarrollo. Por lo tanto, es aconsejable que participes en el proceso de desarrollo de la empresa, pero teniendo siempre en cuenta que el que debes seguir es tu propio plan de desarrollo personal y que es indispensable que lo mantengas actualizado para

que puedas utilizarlo y seguir avanzando en tu crecimiento profesional.

En resumen, los performer de alto rendimiento son dueños de su propio nivel de desarrollo y a ellos les corresponde responsabilizarse de alcanzar sus metas.

Concluyendo

Te conviertes en un performer de alto rendimiento al generar excelentes resultados y comportamientos adecuados. Te mantendrás a ese nivel creciendo continuamente en tus capacidades y habilidades, de tal manera que te sirvan para posicionarte y enfrentar retos cada vez más grandes e ir acumulando experiencias aptas para tu desarrollo profesional. La forma más segura y más rápida de crecer es acumulando las mejores experiencias funcionales y de gestión posibles. Aprende de los mejores en tu campo a identificar esas experiencias y avanza lo mismo que ellos. Tú siempre serás el mejor defensor de tu carrera.

Ahora, ya tienes resultados sólidos, comportamientos adecuados y un plan para continuar mejorando. El cuarto paso, "Conéctate", te mostrará cómo construir fuertes redes internas y externas que te permitan alcanzar y sostener tu éxito.

¿Qué podría interponerse en tu camino?

- Mi compañía quiere que acepte un reto fuera de mi país, pero no estoy seguro de que aceptarlo sea lo más indicado. Un movimiento fuera de tu país de origen será una de las más potentes experiencias de desarrollo en tu carrera. Te dará una perspectiva fundamentalmente distinta del mundo, de la cultura de tu país y de cómo se trabaja en diferentes partes del mundo. Este tipo de experiencias constituye un diferenciador clave del éxito en muchas compañías globales, así que, a menos que te sea imposible trasladarte, deberías aceptar esa oportunidad cuando te la ofrezcan. Si no lo haces, estarás limitando tu capacidad de demostrarte a ti mismo y a otros que eres un performer de alto rendimiento.

- ¿Un plan de desarrollo no debería incluir comportamientos y habilidades? En cada una de tus experiencias ganarás nuevas habilidades y practicarás nuevos comportamientos. Si quieres desarrollar una habilidad o comportamiento específico, determina qué experiencias te lo enseñarán más efectivamente.
- Mi empresa tiene un modelo de competencia o comportamiento que yo debería usar, ya que contribuye en mi desarrollo. ¿Qué es eso y cómo hago para conectarlo con las experiencias? Un modelo de competencia suele describir cualquiera de los comportamientos que tu empresa espera de sus empleados o las capacidades que son importantes en el desempeño de sus funciones. Un modelo de competencia o comportamiento podría ser "liderar un cambio". El modelo definirá en qué consiste ese comportamiento y enumerará algunos ejemplos. Los modelos de competencia son útiles, pero no te instruyen sobre cómo construir las competencias requeridas. Las experiencias son la forma más rápida de desarrollar competencias, y si tu jefe insiste en medir tus competencias o en discutir sobre ellas, pregúntale qué experiencias te ayudarán a construirlas más rápidamente.
- Si la educación formal es solo el 10% del aprendizaje, ¿debería asistir a los cursos que ofrezca mi empre-

sa? Los cursos formales contribuyen a proporcionar lineamientos de trabajo, herramientas y la oportunidad de analizar o practicar conceptos antes de implementarlos. Solo por esas razones, la educación formal es muy valiosa. Sin embargo, asegúrate de no estar sustituyendo un curso por el aprendizaje que podrías obtener a través de una experiencia.

- Mi empresa no parece priorizar las experiencias como una forma de crecer. Está bien. Guía a tu jefe para que te ayude a obtener las experiencias adecuadas para incluirlas en tu mapa personal de experiencias. Revisa ese mapa antes de cualquier conversación con tu jefe acerca de desarrollo y prepárate para solicitarle una(s) experiencia(s) específica(s). Durante la conversación, describe:
  - Los beneficios que recibirán tu jefe o la empresa, esto es: "Podré hacer [xxxx] por la empresa, ya que en este momento todavía no estoy en capacidad de hacerlo", "Estaré preparado para entrenar a otros en esto" o "La empresa obtendrá más de [xxxx] de mi parte".
  - Cómo planeas tener éxito en la experiencia (por ejemplo: "Usaré estas habilidades, aprenderé estas nuevas capacidades, demostraré estos comportamientos, obtendré este tipo de comentarios para corregir mi curso").

  Alivia su preocupación tácita de que quizá dejes su departamento o la empresa cuando adquieras todas estas nuevas habilidades. ("Esta experiencia me permitirá contribuirle mucho más a nuestro equipo").

  Si tu jefe te rechaza varias veces cuando le solicitas la oportunidad de una nueva experiencia, pídele una retroalimentación muy transparente (por ejemplo: "¿Qué labor indispensable debo hacer para posicionarme con más firmeza y obtener una experiencia como esta en el futuro?"). Tal vez, así concluya que la experiencia que le pides sí es significativa y que tu rendimiento actual no está al nivel en el que la empresa estaría dispuesta a invertir en ti o que tu mejor aprendizaje sucederá mediante tu desempeño en tu rol actual.

- Trabajo en una pequeña empresa y no estoy adquiriendo mucha experiencia. Recuerda que las experiencias no son trabajos, sino oportunidades para desarrollar tus habilidades entregando resultados o haciendo algo que no habías hecho antes. Con esa definición, ¿hay otras experiencias que tu empresa ofrezca? Siempre hay proyectos especiales. ¿Será que alguno de ellos te dará más experiencia? ¿Puedes aprender de alguien en alguna función? ¿El performer que está realizando ese proyecto es alguien que te gustaría conocer más? Si no encuentras ninguna experiencia que contribuya a tu desarrollo, tendrás que decidir si en realidad la empresa te ayudará a alcanzar tus metas profesionales.

Recuerda y aplica

La ciencia afirma que:

- Como profesionales que realizamos nuestra labor, aumentamos nuestras capacidades en un promedio del 70% a través de nuestras experiencias; otro 20% a través de otros y el 10% restante a través del aprendizaje formal.
- Obtendrás el máximo provecho de las experiencias si estas incluyen desafíos diversos (geográficos, con respecto al ciclo de vida empresarial, a la gestión) y adversos (hay que resolver nuevos problemas para triunfar en ellos).

Deberías:

- Crea tu mapa personal de experiencias preguntándoles a expertos en tu campo de acción para identificar qué experiencias significativas adquirir.
- Escribe y mantén tu plan de desarrollo individual –tu guía de por vida sobre cómo lograrás ser un performer de alto rendimiento.
- Evalúa con cierta regularidad si estás teniendo la más poderosa experiencia de aprendizaje posible; si no es así, haz los cambios necesarios lo más pronto posible.

Trata de usar:

- Tu mapa personal de experiencias (Ver Figura 3-5).

Cuarto paso

Conéctate

El Presidente Lyndon Johnson adquirió y usó el poder de maneras que muchos considerarían descaradamente manipuladoras. Siendo un maestro en el arte de influenciar, fue elegido como senador de los Estados Unidos a la edad de 40 años (la edad promedio de los senadores en ese momento era de 58) y como el líder más joven del Senado a los 45 años[1]. El historiador Robert A. Caro, quien ganó dos premios Pulitzer por sus libros sobre Johnson, describe el enfoque deliberado de Johnson para construir sus conexiones:

> "Johnson fue brillante en la forma en que eligió a sus mentores. Lo hizo de una manera bastante intencional. Después de ser elegido al Senado —incluso antes de jurar—, buscó a Bobby Baker, un empleado de baños públicos de 21 años, porque escuchó que él sabía 'quién era quien' en el Senado. Y ¿qué quería preguntarle a Baker? No cuáles eran las leyes del Senado, sino quién o quiénes tenían el poder. Bobby Baker le manifestó que solo había un hombre en el Senado que tenía el poder: Richard Russell. Esta fue quizás la información más importante que Lyndon Johnson adquirió durante su primer año de gobierno. ¿Y cuál fue el primer acto de Johnson en el Senado? No fue levantarse y pronunciar su discurso, ni apoyar la legislación, sino acercarse a Richard Russell. Con el fin de seguir adelante en su

función, la mayoría de los senadores —tal vez todos los senadores, excepto Lyndon Johnson— llegaba al Senado a buscar a los más poderosos, a identificar cuál era el comité con mayor influencia. Sin embargo, eso no fue lo que llegó a hacer Johnson. Una vez supo que Russell era el político más poderoso en el Senado, observó a qué comité pertenecía. Era al Comité de Servicios Armados. Entonces, Johnson pidió estar justo en ese comité. Y como nadie más quería estar allí, entró directo y sin objeciones. . .

Johnson se fijó en las vulnerabilidades de Russell. Russell estaba solo. No tenía vida fuera del Senado. Solía ir al Capitolio todos los sábados porque no tenía a dónde más ir. Entonces, Johnson también comenzó a ir al Capitolio todos los sábados. Russell comía en pequeños restaurantes alrededor del Capitolio y Johnson también comenzó a acompañarlo a comer unas cuantas hamburguesas después del trabajo. Pronto, estaban comiendo juntos casi todos los días. Russell amaba el béisbol, pero no tenía a nadie con quien jugar. Johnson no tenía ni el más mínimo interés en el béisbol, pero le dijo a Russell que le encantaba y se iba a los partidos con él. Y, al igual que a todos estos hombres mayores, lo adulaba de manera desvergonzada. Russell estaba orgulloso de su arte legislativo; Johnson lo apodó 'el experto maestro'. Cuando Russell le daba un consejo, Johnson respondía: 'Bueno, esa es una lección proveniente del 'experto maestro'. La tendré presente"'[2].

Por qué es importante

Johnson dominó el arte de conectarse, aunque es muy probable que no conociera a ciencia cierta todos sus beneficios. La ciencia muestra que las estrategias de influencia y conectividad son increíblemente efectivas para obtener lo que necesitas de tus superiores y compañeros. Tu capacidad de conseguir esos recursos y relaciones adicionales es esencial para alcanzar tu teórico máximo de rendimiento. Mejor aún, tú puedes controlar casi por completo tu habilidad para conectarte.

Sin embargo, a pesar de sus beneficios científicamente comprobados, quizá te sientas algo aprensivo, avergonzado o escéptico para usar las estrategias que te describiré, pero no estás solo. Un artículo de investigación afirma que "al comienzo, mucha gente lucha frente a la idea de establecer redes que resulten inútiles, amenazantes o moralmente cuestionables"[3]. Por fortuna, la creación de redes no es inútil, pues se ha demostrado que funciona. Puede que al principio te sientes amenazado, pero como todas las cosas difíciles, te sentirás más cómodo a medida que lo hagas. Necesitarás decidir si conectarte estratégicamente con otros se ajusta a tu marco moral.

Si no estás convencido de usar las estrategias que describo en este capítulo, piensa en las palabras de Jeffrey Pfeffer, profesor de la Escuela de Negocios de Stanford, quien enseña el curso más popular de la escuela sobre el tema del poder. Pfeffer afirma: "Estoy cada vez más convencido de que las personas que tienen poder no son necesariamente más inteligentes que otras. Más allá de un cierto nivel de inteligencia y jerarquía, todo el mundo es inteligente. Lo que diferencia a la gente es su habilidad diplomática y su inteligencia. . . quienes tienen poder: a) entienden que el mundo no es siempre un lugar justo y aceptan ese hecho; b) entienden cuáles son las bases y las estrategias para adquirir poder; y c) toman acciones que sean consistentes con sus conocimientos y de una manera muy hábil"[4].

Pfeffer es claro (y la ciencia lo apoya) en que las estrategias que te ayudan a conectarte con otros beneficiarán tu carrera. Así como ocurre con cada uno de los ocho pasos, tú puedes elegir si deseas ponerlas en práctica o no, pero yo te sugiero que estarías suboptimizando conscientemente tu rendimiento si decidieras no hacerlo. Por esa razón es que "Conéctate" es el cuarto paso hacia ser un performer de alto rendimiento.

La extensa investigación sobre los beneficios de construir grandes relaciones afirma que:

- Cuando te integras, todo funciona mejor. Si tratas de congraciarte con los demás, te beneficiarás en cada escenario de trabajo —mejores revisiones de rendimiento, más entrevistas exitosas, relaciones más fuertes entre compañeros y así sucesivamente—. Puede que este no sea tu enfoque preferido, pero funciona cuando lo utilizas. La estrategia opuesta de argumentar con agresividad tu punto de vista frente al de otros también ha sido probada. ¿El resultado? Por lo general, grandes enfrentamientos[5].

- Las relaciones pueden complementar el bajo nivel de rendimiento. Los empleados que establecen relaciones sólidas con sus jefes obtienen calificaciones de desempeño más altas a pesar de su bajo rendimiento. No hay ninguna prueba más fuerte de los beneficios de conectarse bien con un jefe que el hecho de que él esté dispuesto a pasar por alto o ignorar el bajo rendimiento de sus subalternos debido a su estrecha relación con ellos[6].

- Avanzas tan rápido como tu jefe. Tu relación positiva con tu jefe aumenta tu posibilidad de ascenso. Los empleados son promovidos más rápido cuando sus jefes también son promovidos rápido[7].

- Red amplia, resultados amplios. Los performers con redes amplias reciben ingresos más altos, más ascensos en su carrera y disfrutan de mayor satisfacción profesional. No es solo a quienes conoces, sino también cuantos te conocen[8]. Los performers que más se conectan efectivamente generan mayor rendimiento porque tienen mayores probabilidades de conseguir más información, más favores y más respuestas de más personas[9].

La ciencia nos dice que la personalidad y las habilidades diplomáticas influyen de manera directa en nuestra capacidad para conectarnos e influir. Veamos:

- El contexto influye en la conexión. Se dice que tanto los introvertidos como los extrovertidos tienen la capacidad para conectarse de manera efectiva, según sea el contexto. En el caso de los introvertidos, ellos ejercen más influencia en entornos técnicos donde el enfoque principal sea ejecutar tareas. Por su parte, los extrovertidos son más influyentes en ambientes de equipo, ya que su interés natural para conectarse les da una ventaja[10].
- Los performers con la capacidad de conectarse son mucho más positivos. Al tener la habilidad de conectarse con facilidad, ellos sienten mayor confianza en sí mismos, gozan de mayor satisfacción en su trabajo, confían en su empresa o lugar de trabajo, su nivel de compromiso y productividad es más alto, muestran comportamientos positivos, alcanzan mayor éxito profesional y reputación personal[11].
- Sus habilidades diplomáticas les dan una ventaja. Esa capacidad para ejercer la diplomacia en sus relaciones interpersonales los hace más efectivos, dado que ese tipo de entornos causa que muchas personas se sientan descontentas, menos comprometidas, más estresadas y con ganas de abandonar la organización[12]. Los performers que saben cómo generar y mantener un ambiente más diplomático tienen una ventaja en cuanto a rendimiento sobre quienes no tienen esa misma habilidad.

- Sus compañeros los mantendrán en la mira. Esta habilidad de conexión funciona bien con los jefes, pero los compañeros de los performers con capacidades sociales los estarán observando. Y si les da la impresión de que ellos se están esforzando demasiado, o que son muy obvios cuando se trata de construir una conexión, tanto su reputación como su red de contactos estarán en juego. Cuanto más logren beneficiarse de su relación con el jefe, más riesgosas serán sus relaciones con sus compañeros y más en entredicho estará su reputación[13].

Qué hacer

Necesitas desarrollar e implementar activamente una estrategia para conectarte mejor con tu jefe, tus compañeros y subordinados, y con tu red de contactos externa. Cada conexión proporciona beneficios únicos, pero, para tener éxito con cada una de ellas, requerirás de una estrategia diferente.

Conéctate con tu jefe

Tu jefe inmediato es tu relación de trabajo más esencial. La ciencia es clara al afirmar que la fuerza de esa relación influye directamente en tu éxito. Tu actividad conectora debe estar enfocada en construir una relación cercana y productiva con tu jefe. Las tácticas que te ayudarán a lograr esa meta son bastante sencillas.

PRODUCE RENDIMIENTO CONSTANTE. Si siempre obtienes excelentes resultados, estarás construyendo el fundamento más sólido para lograr una magnífica relación con tu jefe. Tu alto nivel de rendimiento lo hace lucir bien a él y reduce el esfuerzo que él tiene que hacer liderándote, así que ese es un doble triunfo para él. Aunque la ciencia dice que, si eres bueno para congraciarte con tu jefe, tu nivel de rendimiento real será menos importante, a largo plazo, esa es una estrategia bastante riesgosa, ya que, en algún momento, tendrás un nuevo jefe que valore tus halagos hacia él, pero solo *en adición* a que le presentes un magnífico nivel de rendimiento y no en lugar de él.

AYÚDALE A CUMPLIR SU META PRIMORDIAL. Tu jefe quiere lucir bien con sus superiores y con quienes están a su alrededor. Una estrategia de conexión efectiva es averiguar qué es aquello que lo hará lucir bien y ayudarle a lograrlo. La forma más fácil de saberlo es preguntándole: "¿Qué es lo más importante en su agenda de trabajo en este momento?" o "¿Cuál es la meta específica, el producto o proyecto en el que quiere enfocarse este año o trimestre?".

Una vez que conozcas cuál es su mayor preocupación, identifica y ofrécele formas específicas de solucionarla. No le preguntes: "¿Hay algo que pueda hacer para ayudarle?". Mejor, dale opciones de cómo podrías apoyarlo. Si tu jefe tiene una presentación muy importante que ya está próxima, ofrécele ayuda con la parte de investigación, recopilando datos, armando la presentación o revisándola. Si ya se acerca una reunión de ventas, ofrécete como voluntario para realizar investigaciones sobre la empresa, sus productos o sobre el equipo al cual él estará dirigiéndose.

Haz un esfuerzo consciente para hacerle a tu jefe esa pregunta clave y hazle seguimiento hasta que él haya cumplido con su propósito. Posiblemente, tú seas el único que lo haga, lo cual hace que este enfoque sea aún más efectivo. Incluso si tu jefe te dice que no la primera vez, sigue preguntándole con cierta frecuencia. Verás que, al final, obtendrás crédito por tus buenas intenciones.

ELÓGIALO. No importa cuán humildes pensemos que somos, es increíble cuánto nos gusta escuchar a otros elogiar nuestros logros y capacidades. Los halagos pueden ser una frase como "magnífica presentación" o "usted sí sabe a ciencia cierta lo que está pasando aquí". A todos los seres humanos nos encanta que nos feliciten y miramos con buenos ojos a quienes elogian nuestra labor[14]. Aunque en teoría es posible que nos sobrepasemos, la ciencia dice que incluso cuando sabemos que los elogios que nos hacen son falsos o demasiados, aun así nos sentimos bien con quienes nos los hacen y con lo que nos dicen[15]. Tu jefe es humano y tiene las mismas inseguridades que tú. Te ganarás su buena voluntad si, con cierta constancia, lo haces sentirse bien consigo mismo y le reconoces lo valioso de su labor.

OFRÉCELE UNA AMISTAD PERSONAL GENUINA. La forma más obvia de construir una relación sólida con tu jefe es convirtiéndote en su amigo. Esa relación positiva tendrá grandes beneficios y estos durarán más de los que obtendrías a través de estrategias transaccionales de conexión. Construye esa amistad como lo harías con cualquier otra, por medio de una conexión constante, de acciones que generen confianza, escuchando y actuando sin egoísmos.

Además, préstales atención a los intereses personales de tu jefe. No tienes que convertirte en un experto en carreras de lanchas de alta mar, ni en cricket, ni en golf, ni en cualquier otro pasatiempo que él tenga, pero, si notas que él menciona o muestra evidencias que indican su interés en algo en particular, de vez en cuando, pregúntale al respecto. No finjas tener experiencia en su pasatiempo favorito. Perderás enormes cantidades de su buena voluntad si dices que amas las carreras de Fórmula 1, pero no sabes quién es tu piloto o tu equipo o tu pista favoritos.

Aunque cualquier persona puede aplicar cualquiera de estas tácticas, las mujeres las usan con menos frecuencia que los hombres. Si se trata de autopromoción, de halagar o de defender su punto de vista con insistencia, los hombres tienden más activamente a hacer conexiones y a persuadir a sus compañeros de trabajo[16]. Algunas de estas tácticas son bastante efectivas para mejorar la calidad y profundidad de las relaciones importantes. Cuando las mujeres no usan estas tácticas para avanzar en sus carreras, están limitando sus posibilidades de tener éxito. Estos son comportamientos —controlables y aprendibles— que ellas deberían usar para posicionarse mejor y convertirse en performers de alto rendimiento.

Conéctate con tus compañeros de trabajo

Nuestros compañeros de trabajo juegan un papel único en nuestro camino a convertirnos en performers de alto rendimiento porque ellos no tienen poder directo sobre nuestro éxito, pero sí una influencia significativa. Mantener buenas relaciones nos ayuda a que ellos no intenten retenernos cuando queramos seguir avanzando aunque no esté en sus manos que sigamos avanzando en nuestro camino. Las siguientes cuatro pautas te ayudarán a hacer una magnífica conexión con todos y cada uno de ellos.

CONOCERLOS BIEN. Entiendes cómo conectarte mejor con tus compañeros cuando los conoces bien. Si trabajas en una gran o pequeña organización, bien sea en Europa, Asia o América del Norte, en un solo edificio o en diversas sucursales por todo el mundo, necesitas diseñar y desarrollar un plan que te permita conocer a cada uno de tus compañeros clave. Podrías llamarlos, invitarlos a almorzar, a tomar una cerveza, un café o procurar entablar algún tipo de conexión significativa, por lo menos, una vez por trimestre. Que sea algo más profundo que decirles "hola" en el momento en que se cruzan a la hora del descanso. De lo que se trata es de programar un plan específico, de hacerles una invitación como: "Oye, me encantaría que sacáramos un rato para compartir y ponernos al día". Que esa sea una reunión en la que dispongan del tiempo para sentarse y hablar, y que el objetivo sea saber qué está pasando con cada uno de ellos en su trabajo y quizás en casa. No tienen que agradarte todos por igual, pero no sabrás cuál es la mejor manera de trabajar con tus compañeros hasta que los conozcas bien.

CONECTARTE MÁS CON LOS MEJORES. Tu reputación depende de tus relaciones con muchos compañeros, pero tu futuro está más influenciado por las relaciones que tengas con los que demuestran ser performers de alto rendimiento. Son ellos quienes estarán compitiendo por el mismo ascenso o por los mismos recursos que tú. De ahí que sea tan importante no tener el típico cuchillo detrás de tu espalda y que, en un futuro, llegues a ser un buen jefe o que recibas una buena evaluación o un informe directo justo, dependiendo de quién de todos, incluido tú, sea ascendido.

Además, es muy probable que tu jefe también confíe en tus compañeros de alto rendimiento, así que, cuando ellos le hablen de ti, sus comentarios importarán más que los comentarios hechos por quienes producen bajo rendimiento. Después de todo, te das a conocer por el tipo de compañías con las que pasas más tiempo, así que ¿será más conveniente que te vean con los más talentosos o con los que no lo son tanto?

DECIRLES QUE SÍ. Existe un poderoso concepto sicológico llamado norma de reciprocidad. En resumen, esta afirma que estamos programados para querer ayudar a otros si ellos también nos ayudan a nosotros[17]. Usa esto para tu beneficio diciendo que sí cuando tus compañeros te piden ayuda, sobre todo, tus compañeros de alto rendimiento. Podría incluir facilitarles un recurso que les sirva para apoyar algún proyecto o incluso prestarles algo de dinero cuando lo necesiten. Este tipo de comportamiento construye tu imagen y te da cierto crédito con aquellos a quienes ayudas.

PEDIRLES AYUDA Y ASESORAMIENTO. La gente se siente halagada cuando le pides sus opiniones. Incluso si tienes una estrategia, un plan o un documento que ya están perfectamente pensados, pregúntales a algunos colegas clave y pídeles que te ayuden a obtener más información. Esto funciona bastante bien, sobre todo, si alguno de tus planes entra en conflicto con los de ellos o estás trabajando en un área en la que ellos también son expertos. Los harás sentir muy capaces, te hará parecer humilde e incluso podrías obtener algunas ideas valiosas por el camino.

Conéctate con tus subordinados

En el segundo paso, "Compórtate como un vencedor", leíste que conectarte con aquellos a quienes lideras es un aspecto clave de ser un líder transformacional. Sin embargo, en esa conexión con ellos, ya está prestablecido que tú tienes cierto poder y autoridad organizativa sobre ellos, así que es útil administrar esas relaciones, pero no es tan esencial como el hecho de enfocarte en las relaciones con tu jefe o tus colegas.

Construye tu red externa

Tendrás un mejor desempeño cuando construyas redes estables dentro y fuera de tu organización. Una red confiable te da más acceso a información valiosa (qué está sucediendo en la industria; qué es lo importante), más recursos (más vecinos benevolentes que estén dispuestos a prestarte una taza de azúcar) y más gente dispuesta a patrocinar y apoyar tu carrera[18].

Tu 50% fijo te ayudará o te causará dificultades cuando estés construyendo tu red, dependiendo de que quieras o no extrovertirte de forma más natural, fácil y frecuente con contactos de todo tipo[19]. Pero ya que es un hecho que el tamaño y la fuerza de tu red te ayudará en tu rendimiento, incluso los introvertidos deben involucrarse (o fingir) en aquellos comportamientos útiles para construir redes.

En el segundo paso también leíste que algunos comportamientos te ayudarán a darte a conocer y otros contribuirán a mantener tu éxito a lo largo del tiempo. Lo mismo es cierto con respecto a tu red. Una red más pequeña y estrecha, que está más relacionada con tu posición en el trabajo (es decir, con tus compañeros de área), te ayuda a desarrollar credibilidad dentro de tu organización. Por supuesto que esa red interna es esencial para tu éxito al interior de tu lugar de trabajo, pero, como es aislada, es muy poco probable que te ayude a mejorar tu imagen profesional en tu campo de acción o que aumente la cantidad de ejecutivos que te conozcan o que acelere tu avance profesional fuera de la empresa a la que estás vinculado.

Una red amplia te permite contactar a muchas personas con la posibilidad de ayudarte a avanzar en tu carrera, de conectarte con gente importante en tu campo que esté dispuesta a entrenarte aunque sea dentro de un contexto informal, pero útil para alcanzar tus metas. Construirás esas redes a través de conexiones personales realizadas en eventos, conferencias, reuniones de asociaciones profesionales, durante cafés, almuerzos y cenas[20].

Los extrovertidos no necesitarán de un gran plan para desarrollar su red; en cambio, los introvertidos necesitarán un plan y algo más que los obligue a superar sus temores ante el hecho de tener que construir conexiones. Para los introvertidos como yo, hay algunas ideas que sería útil tener en cuenta:

- A todos nos gusta hablar de nosotros mismos. No te preocupes si no puedes participar en cierta clase de discusiones que suelen estar repletas de ocurrencias, de fascinantes historias sobre los intereses únicos de cada persona presente en la reunión. Recuerda que los seres humanos somos naturalmente egocéntricos y, casi siempre, nos sentimos felices de compartir detalles e historias que solo nos interesan a nosotros mismos. Tu trabajo es memorizar cinco preguntas que mantengan en marcha cualquier conversación (de dónde es tu interlocutor, dónde trabajó antes de su empleador actual, qué planes de vacaciones tiene para este año, qué le gusta hacer fuera del trabajo, etc.).

- La gente está dispuesta a ayudarte (siempre y cuando la ayuda que requieras sea fácil de brindar o ellos tengan su propio interés al hacerlo) y se conecta, en parte, por los beneficios diplomáticos que recibe —y una parte esencial de la diplomacia es devolver los favores (recuerda la norma de reciprocidad). Si te preguntas por qué razón alguien querría pertenecer a tu red, lo más seguro es que se deba a que te ve como alguien que podría ayudarle bien sea hoy o mañana; quizás está construyendo su propia red; también podría ocurrir que se trate una persona muy agradable o de alguien a quien le gusta ayudarles a otros a tener éxito. Sea cual sea la razón, tú también podrías aprovechar y usarla en beneficio propio.

  Procura que la conexión contigo sea fácil para tus contactos. Proponles visitarlos en su lugar de trabajo o en una cafetería cercana, prográmate para que el encuentro no dure más de 30 minutos y no les pidas nada excepto mantenerse en contacto para lo que pudiera ofrecerse en el futuro.

- Los demás te notan menos de lo que crees (y eso es bueno). Hay una preocupación que nos hace conscientes de nosotros mismos y menos dispuestos a ponernos en situaciones enfocadas en hacer contactos. Se trata del efecto "centro de atención", que es un fenómeno sicológico en el cual creemos que otros notan nuestras acciones y nuestra apariencia mucho más de lo que en realidad lo hacen. Si estás nervioso y dices o haces algo vergonzoso durante una conversación prolongada con un nuevo colega o contacto de tu red, ten en cuenta que los demás no notan estas cosas únicas sobre nosotros tanto como nosotros pensamos[21].

Y si hacemos algo tonto como olvidar un nombre importante en medio de la conversación, las investigaciones afirman que, por lo general, las personas no juzgan tan fuertemente esos errores que ellas saben o suponen que también cometerían[22].

- Los extrovertidos tienen mayor cantidad de relaciones, pero no necesariamente más significativas. Las redes sociales de los extrovertidos son más amplias, pero ellos no parecen tener conexiones más profundas con sus contactos que las que sostienen los introvertidos[23].

Existen muchas tácticas que puedes aplicar con respecto a las redes, pero te recomiendo que comiences con una estrategia sólida sobre la cual basarte para construir tus conexiones.

TENER UN OBJETO Y UN PROPÓSITO. Te será mucho más fácil diseñar tu plan para construir una red una vez que tengas claro cuál es tu propósito para crearla. ¿Estás tratando de aprender más sobre tu profesión o tu industria? ¿Estás tratando de llegar a ser más conocido para que puedas ser más influyente? ¿Estás tratando de encontrar un nuevo trabajo? Tu respuesta guiará qué tan amplia o enfocada debería ser tu red de contactos, el nivel de las personas con las que necesitas relacionarte, cómo estructurarás la conversación con ellas y mucho más.

Una vez que tengas claro tu propósito, desarrolla tu plan. ¿Cuántos contactos necesitas hacer? ¿Durante qué período de tiempo? ¿En qué industrias o lugares? ¿Cuántas conexiones reales (reuniones y llamadas, no contactos de LinkedIn) harás cada mes? ¿Cómo evaluarás tu éxito? Conectarte te dará poderosos beneficios, solo si tú comienzas a trabajar construyendo tu red. Si quieres ser un *networker* exitoso, necesitas gestionar y controlar el progreso que estás logrando en esa tarea de la misma manera en que lo harías con cualquier otro proyecto importante.

SER ESTRATÉGICO: NO TODOS LOS CONTACTOS SON IGUALES. Tú quieres incluir en tus redes a los contactos más poderosos, de alto rango, prominentes y respetados que puedas. En tu red informal, está bien contactar al director de la cadena de suministro de la fábrica local. Él es un buen chico y alguien con el que podrás chatear en futuros eventos. Sin embargo, si tu propósito al construir tu red es acelerar el crecimiento de tu carrera, ten presente que los individuos más poderosos son los que tendrán la mayor influencia en tu ascenso. Por fortuna, las mismas estrategias que usas en el trabajo para congraciarte con tu jefe también funcionan para congraciarte con otros individuos que también son poderosos.

Invítalos a tomar un café, a un almuerzo o cena con un propósito claro y definido en mente —lograr entender mejor la industria, aprender de sus experiencias laborales, y así sucesivamente. Halágalos con respecto a sus logros. Muéstrales interés en sus proyectos. A menudo, ellos se sentirán felices de compartir sus historias e incluso te presentarán a otros contactos también poderosos e influyentes, ya que ellos suelen conocer a otros performers que también ejercen ciertos cargos de poder.

CONVERTIRTE EN LA RED CON LA QUE SUEÑAS Y NO ENCUENTRAS. Cuando yo era un ejecutivo corporativo, me sentía frustrado cada vez que ciertas organizaciones se acercaban a mí para ofrecerme redes que exigían pago y proponían: “Por $10.000 dólares, usted tendrá la oportunidad de compartir un rato con expertos en su campo cuatro veces al año". Ante esta propuesta, se me ocurrió que yo también tenía la capacidad de contactar a diez de mis expertos preferidos y organizar un gran encuentro con ellos sin tener que pagarle nada a nadie. Fue así como comencé la red de gestión de nuevos talentos con un objetivo específico en mente: ayudarles a aquellos en mi profesión a aprender a hacer y a establecer contactos. Ahora, esa es la red más grande en su género, es 100% gratis, ofrece reuniones en ciudades de los Estados Unidos y lleva a cabo investigaciones significativas en este campo. No había ninguna red en la que yo creyera, así que empecé mi propia red. Si no hay una red que cumpla con tus necesidades, empieza una que sí las cumpla. No hay mejor manera de establecer redes que convirtiéndote en esa red que a la que anhelas pertenecer y no encuentras.

UTILIZAR CONSULTORES EXTERNOS COMO CONEXIONES. En cualquier campo, siempre hay consultores externos que, con alguna frecuencia, llamarán a tu puerta para venderte un producto o servicio. Quizá desconoces a la mayoría de ellos. Comienza a pensar en esos consultores como contactos que podrían ayudarte a hacer más conexiones. Ellos se relacionan con cientos de personas al año que pertenecen a tu mismo campo de acción. Proponles que te reunirás con ellos siempre y cuando estén dispuestos a intercambiar contigo, por lo menos, tres contactos de alta calidad.

Construye tu evaluación

Ahora que sabes qué tipos de conexiones hacer y cómo, necesitas planificar y desarrollar tu estrategia de conexión. Tu objetivo deber ser construir conexiones más sólidas. Hazlo de la misma manera en que logras cualquier otro objetivo, con enfoque y disciplina. El plan de conexión te ayudará. Haz un seguimiento de tus relaciones clave y planea cómo fortalecerlas con cierta frecuencia (ver Figura 4-1). Llena el cuadro con los nombres de tus conexiones clave, tu última conexión con ellas, tu próxima conexión planificada y cualquier anotación que te ayude a personalizar tus interacciones. Este enfoque planificado para hacer conexiones a conciencia les asegurará a los extrovertidos a centrarse en aquellas conexiones que más importan. La mayoría de los introvertidos se conectan regularmente, incluso aunque esa no sea su habilidad innata.

Concluyendo

Conectarse puede ser uno de los aspectos más difíciles de convertirse en un performer de alto rendimiento, porque no puedes controlar directamente el éxito que tendrás con tu red, porque hay convenciones sociales que no miran con tan buenos ojos esta modalidad de las redes, porque algunos se sienten más naturalmente cómodos con las redes que otros. La gran noticia es que tu red de contactos multiplicará tus posibilidades de éxito. Si lograste construir una red amplia, esta te traerá contactos, ideas y recursos que te ayudarán en tu camino a convertirte en un performer de óptimo rendimiento. La ciencia es clara al afirmar que si logras construir grandes relaciones, incluso a través de elogiar a los demás, avanzarás más rápido en tu carrera.

Figura 4-1

Plan de conexión - 2019

Conexión externa	Nivel de confianza de la relación	Última conexión formal	Próxima conexión formal	Consideraciones y notas clave
Jefe	Mediano	Enero 2019 Almuerzo	Abril 2019 Almuerzo	Su gran meta del año es la apertura exitosa de una nueva fábrica en la Ciudad de México; está preocupado por una cuestión sindical; su hija Suzie se va a la universidad en agosto.
Líder sénior	Alto	Marzo 2019 Informe de proyecto presentado	Nada programado	Buscando ayuda financiera; desarrollar una breve lista de ideas que le den una visión más clara y le permitan una salida positiva para el año 2020.

Colega 1	Bajo	Noviembre 2018 Café con la ejecutiva encargada del proyecto.	Abr. 2019 Almuerzo	Preocupado por el lanzamiento del equipo de sistemas; parece que no cree que yo pueda servirle de ayuda; asistir al almuerzo de abril con tres ideas sobre cómo mi equipo y yo podemos apoyarle; brindarle toda la información posible al respecto.
Colega 2	Alto	Febrero 2019 Durante el partido de fútbol infantil	Junio 2019 Reunión durante la conferencia	Todo bien. Asegurarme de preguntarle cuánto tiempo requiere para hacer la presentación de la conferencia. Ofrecerle la ayuda técnica que lo haga "brillar".
Colega 3	Mediano	Marzo 2019 Reunión mensual	Abr. 2019 Reunión mensual	Relación a nivel operacional; no hay oportunidad inmediata para mejorar la calidad. Darle a Juan, el miembro de su equipo, la oportunidad de ejecutar el proyecto social para que adquiera visibilidad.
Colega 4	Mediano	Diciembre 2018 Almuerzo	Abr. 2019 Durante la reunión de comienzo de mes	Aumentar la frecuencia de las reuniones dada la posibilidad de su transferencia al área de comercialización. Asegurarme de que conozca a Madison como posible candidata al cargo vacante.
Colega 5	Alto	Enero 2019 Compartir unas bebidas en Hoolihans	Abr. 2019 Durante la reunión de comienzo de mes	Los encuentros son buenos, pero demasiado infrecuentes; las reuniones mensuales me ayudarán a entender mejor cuál es su agenda para 2019.

Colega 6	Mediano	Marzo 2019 Café	Abr. 2019 Café	Comparte más cuando salimos de la oficina, así que debo continuar con la modalidad de los cafés mensuales; preguntarle si está preocupado sobre el lanzamiento del producto Corn Crunchers del cual me comentó la última vez. Si es así, ver si está conectado con Chicago Consulting Company.
Contacto 1	Mediano	Marzo 2019 Llamada	Enviarle el artículo sobre estrategias de los medios de comunicación	Mencionó la falta de estrategia con las redes sociales más allá de conseguir un par de conexiones; presentarle a Chloe para una conversación informal.
Contacto 2	Bajo	Diciembre 2018 Email; no respuesta	Llamarlo y ofrecerle un café/almuerzo cuando venga a Atlanta	Escuché que se fue al golfo a pescar atún con Max en enero. Mencionarlo en la siguiente conversación y contarle acerca de las cartas de Goldsmith en San Diego.
Contacto 3	Alto	Enero 2019 Visita en la oficina en LA.	Mayo 2019 Nos visitará cuando esté en París.	Enviarle recomendaciones de restaurantes en París.
Contacto 4	Mediano	Enero 2019 Visita a la oficina en Singapur	Abr. 2019 Llamada de seguimiento	Averigüé los tipos de conexiones que serían más útiles para él. Presentarle a dos contactos en junio.

Ahora, ya tienes una base sólida para ser un performer de óptimo rendimiento con grandes metas, con los comportamientos adecuados, con un plan para crecer y una red de contactos que te apoye. Hay algunas acciones más que deberías analizar con el fin de extraer la mayor cantidad de resultados posibles de estos cuatro primeros pasos. Cuando entiendes cómo cambiarán las necesidades de tu empresa, es más fácil adaptar tus comportamientos y tu mentalidad para mantener tu nivel de rendimiento óptimo en casi todos los retos empresariales. El quinto paso, "Maximiza tu capacidad de adaptación", te da los consejos y las herramientas que necesitas para hacer exactamente eso.

¿Qué podría interponerse en tu camino?

- Creo en la construcción de relaciones genuinas. Este enfoque suena falso. Una conexión en red es una relación genuina si eres honesto con los demás sobre por qué la estás construyendo. Si explicas que te estás conectando para "conocer otras personas que se desenvuelven en la misma industria que tú" o "porque quieres mantenerte al día con las tendencias actuales en tu campo de acción", no importará si, posteriormente, usas esas ideas o conexiones para encontrar un mejor trabajo o vender más de tus productos. La persona con la que te conectaste asumió que tú pondrías en uso ese conocimiento y es muy probable que hasta se sienta decepcionada al ver que el tiempo que te dedicó no llegó a representarte ningún beneficio.
- Me siento incómodo al invitar a tomar un café o a almorzar a alguien de mi empresa que pertenezca a un nivel laboral superior al mío. A menos que tu país o la cultura de la empresa perciban ese comportamiento como mal visto, necesitas construir rela-

ciones con personas en niveles laborales por encima del tuyo. Ellas tomarán decisiones sobre tu avance o estancamiento en tu carrera y, cuanto mejor te conozcan, habrá más posibilidades de que las decisiones que tomen con respecto a ti sean positivas. Si no estás seguro de cómo hacerles la invitación, déjales saber que te gustaría aprender más sobre su posición y sobre lo que ellas hacen. Pregúntale a alguien que sepa si estas personas que te interesan suelen aceptar ese tipo de invitaciones. Incluso si solo dos de las cinco que invitas te dicen que sí, habrás hecho dos nuevas conexiones que quizá te muestren cómo ser un performer con un óptimo nivel de desempeño.

- No puedo pasar tanto tiempo conectándome. ¿En quiénes debería enfocar mis prioridades? Debes construir relaciones sólidas con tu jefe y con dos o tres compañeros que sean de óptimo rendimiento. Fuera de tu empresa, conéctate con los más influyentes en tu campo. Es posible que tengas que invitar a diez contactos externos antes de que uno te responda, pero te beneficiarás de las ideas y conexiones de los performers de mayor conocimiento e influencia en tu campo.

- ¿No debería pasar más tiempo conectándome con mis subalternos? Naturalmente, interactuarás con ellos como su jefe que eres, pero es posible que no tengas muchas oportunidades de pasar tiempo de manera fluida y natural con tus colegas o tu jefe. Si las personas que lideras ya están comprometidas y son productivas, invertir mucho más tiempo con ellas podría limitar el tiempo que tengas para construir conexiones adicionales con quienes se desenvuelven en niveles superiores al tuyo.

Recuerda y aplica

La ciencia afirma que:

- Los extrovertidos son conectores más naturales, pero no tienen redes de mayor calidad que los introvertidos.
- Aquellos con redes más amplias tienen salarios más altos, reciben más promociones y se sienten más satisfechos a lo largo de su vida laboral.
- Las personas están más interesadas en conectarse cuando hay de por medio beneficios obvios para ellas, pero, por lo general, responderán positivamente a tus requerimientos debido a la norma de reciprocidad.

Deberías:

- Establecer una relación sólida con tu jefe, basada tanto en tu excelente nivel de rendimiento como en una estrategia activa para ayudarle a él a desempeñarse bien y mantener su imagen frente a los demás.
- Identificar quiénes son tus compañeros de mayor rendimiento y construir una relación sólida con cada uno de ellos mediante la comprensión de su necesidades, ayudándoles en lo que sea posible y promoviendo encuentros para socializar, como tomar café o almorzar juntos.
- Contactar a los performers más influyentes en tu campo y procurar construir relaciones con ellos mostrándoles que eres su leal seguidor y que quieres ayudarles a ser más exitosos.

Trate de usar:

- **El formato del plan de conexión (Figura 4-1)**

Quinto paso

Maximiza tu capacidad de adaptación

Más de un tercio de las empresas que conoces hoy no existirá dentro de 25 años. La velocidad del ciclo de vida de una empresa —nacimiento, crecimiento, éxito y fracaso— se ha acelerado tanto, que se pronostica que la empresa promedio de hoy existirá menos de once años[1]. Como esas empresas cambian con tanta rapidez, lo que necesitan de sus líderes y empleados es que ellos también cambien. Eso significa que las capacidades que te hicieron exitoso en una parte del ciclo de vida de la empresa serán menos valiosas cuando la empresa cambie.

¿Eres bueno ayudando a la empresa a crecer? Bien, pero estamos en un modo de cambio, así que, ¿qué puedes hacer por nosotros ahora? ¿Te enorgulleces de ser un líder promotor del cambio? Gracias, pero ya hemos terminado con la etapa de transformación y no te necesitamos para liderar más cambios. Las empresas cambian más rápido que las personas. Seguirás siendo un performer de óptimo nivel de rendimiento, pero solo si adaptas tus capacidades y tu enfoque hacia lo que tu empresa necesita en el momento actual. Dos CEO de Coca-Cola aprendieron esa lección de la manera más difícil.

Ajuste, fracaso y recuperación en Coca-Cola

La Junta Directiva de Coca-Cola entendió los cambios masivos frente a su industria en 1997, cuando seleccionó a su CFO, Doug Ivester, para que remplazará al legendario CEO, Bob Goizueta, quien se encontraba enfrentando una enfermedad terminal. Coca-Cola había dominado el mercado de bebidas durante décadas, pero la aparición de las aguas embotelladas, las bebidas energéticas y otras bebidas alternativas ahora amenazaban su posición de liderazgo en el mercado. Coca-Cola tuvo que responder a estas amenazas con productos innovadores y con un liderazgo que supiera cómo navegar rápida y ágilmente en medio de ese nuevo panorama. Goizueta había puesto en marcha esa estrategia y mostró ser muy efectivo.

Ivester era un líder de alto rango que llevaba en Coca-Cola 18 años. Era considerado como brillante y controlador y se convirtió en el CFO icónico de la compañía a los 37 años. Era contador de formación, ejercía un control magistral de los detalles y sentía profundo orgullo por su perspicacia financiera, tanto, que, alguna vez, llegó a presumir al afirmar: "Sé cómo funcionan todas las palancas y podría generar tanto dinero en efectivo, que la cabeza de todos giraría sin parar". Esas capacidades le permitieron entregar resultados sobresalientes como CFO, pero ¿fueron la materia prima indicada para el próximo CEO de Coca-Cola?[2].

Al promover a Ivester, la Junta Directiva asumió que ser inteligente, trabajar duro y estar bien orientado en los detalles eran habilidades que beneficiarían a su futuro CEO. Esas son capacidades maravillosas, pero la estrategia de Coca-Cola para enfrentar las luchas que la empresa afrontaba en la década de 1990 exigía innovación y cambios rápidos. La ciencia sugiere que los líderes capaces de generar innovación y cambios rápidos son aquellos que se conectan personalmente con sus subordinados, les muestran una meta clara y les dan amplia autonomía a los miembros de su equipo[3]. Estas no eran las fortalezas de Ivester —él era conocido como un líder controlador, estructurado y reservado[4].

El vacío entre las necesidades de Coca-Cola y las capacidades de Ivester apareció rápido y de manera bastante dolorosa. En los dos años posteriores a su nombramiento como CEO, las ganancias de la empresa disminuyeron y su valor en el mercado, que había ido en constante aumento durante 16 años, se fue al suelo. Ivester parecía tener un oído de estaño frente a las palabras de los embotelladores, socios y empleados[5]. Poco después de su segundo aniversario como CEO, la Junta Directiva lo despidió.

Acto seguido, seleccionó a Doug Daft, ejecutivo de la empresa, para que remplazara a Ivester como CEO. Daft había liderado la empresa en partes de Asia, así como en la región del Pacífico y se dio a conocer como un buen constructor de consenso y un líder diplomático, pero no como un gran comunicador. Algunos lo consideraban indeciso. Lo cierto es que Coca-Cola todavía requería de esa estrategia que generara innovación y cambio, pero el enfoque de Daft con las necesidades empresariales no parecía ser mejor que el de Ivester. Poco después de comenzar como CEO, anunció una gran reestructuración para reducir los costos y dirigió las cuentas principales a la Sede de Coca-Cola en Atlanta. Ese movimiento denotaba que él estaba menos concentrado en la estrategia de crecimiento e innovación y más enfocado en la creación de una organización eficiente. Bajo su liderazgo, la empresa reportó años de resultados deslucidos que bajaron el precio de las acciones y debilitaron su capacidad para competir con Pepsi. Daft anunció su jubilación solo cuatro años después de haber aceptado el cargo.

Después de eso, la junta comenzó su búsqueda del cuarto CEO en solo siete años —un esfuerzo que se convirtió en un espectáculo muy observado y vergonzoso. Durante los siguientes meses, se le informó a la opinión pública a qué

CEOs les ofrecieron el cargo. Todos lo habían rechazado. Con el tiempo, la junta contrató como CEO a un ejecutivo ya jubilado de Coca-Cola, Neville Isdell.

Las palabras y acciones de Isdell demostraron rápidamente que él estaba de acuerdo con la estrategia de innovación y cambio de Coca-Cola. Rechazó la premisa que afirmaba que Coca Cola debería competir en precio, comenzó a reinvertir en la gente y hablaba a menudo y en forma directa sobre la dirección deseada de la empresa. Como Isdell parecía estar muy de acuerdo con la estrategia de la empresa, el precio de las acciones y la cuota de mercado frente a Pepsi se recuperaron a gran velocidad. Sin embargo, siete años de liderazgo que no encajaron en la estrategia que la empresa necesitaba le costaron caro tanto a Coca-Cola como a sus dos difuntos CEO.

Por qué es importante

La lección de las vicisitudes de los CEOs de Coca-Cola se centra en la importancia de la adaptación y no en el fracaso. Cada uno de ellos era muy inteligente, altamente capaz y responsable, pero ninguno fue sobresaliente en todo. Cuando sus capacidades se alinearon con las necesidades de la organización (es decir, Ivester era brillante en el área de financiación), produjeron resultados maravillosos. Cuando hubo vacíos en el proceso de adaptación, las consecuencias fueron desastrosas.

Lo que esto significa es que, si tus capacidades e intereses personales coinciden con las necesidades y los intereses de la empresa, tienes mayores posibilidades de tener éxito. Sin embargo, la ciencia afirma que es la capacidad de adaptación, y no solo la brillantez individual, la que predomina cuando se trata de predecir cuál será el nivel de rendimiento de un performer. Desafortunadamente, las historias sobre líderes de alto rendimiento a menudo se centran en las cualidades singulares que ellos aportan —formación intelectual, carisma enceguecedor, experiencia en la industria—, pero es un hecho que debemos tener en cuenta dos partes esenciales en cuanto al rendimiento: lo que tú puedes ofrecer y lo que tu empresa necesita de tu parte. Lograr resultados de alto rendimiento es mucho más probable si logras una adaptación equilibrada entre estas dos premisas.

La adaptación es importante porque las empresas cambian a medida que responden a sus mercados y clientes, y que sus productos maduran o la empresa encuentra nuevas oportunidades de negocio. Esos cambios también significan cambios en cuanto a cómo liderar en el negocio y en la cultura naciente que hará crecer a la compañía. Cuando esos elementos fundamentales de la empresa cambian, lo que la empresa necesita es que los talentos a su servicio sean distintos.

Por ejemplo, aunque en una época las compañías valoraban a ese tipo de líder brillante en el área de las ventas que siempre lograba óptimos resultados mediante su táctica de hacer ventas "fuera como fuera", hoy en día, ese concepto de ventas cambió y las empresas están requiriendo mayor disciplina y una ejecución mucho más eficiente en el cumplimiento de sus metas. Ese líder que ejecuta proyectos a largo plazo, que es altamente tranquilo, introvertido y aversivo al riesgo tendrá problemas para ejecutar el cambio audaz exigido por la firma de capital privado que acaba de comprar su compañía. Si crees que tus fortalezas siempre serán fortalezas, reevalúa esa idea. Dado que las empresas cambian más rápido que las personas, los performers de óptimo rendimiento pueden convertirse en performers promedio de la noche a la mañana, cuando la empresa cambie su definición de "optimo".

Los performers exitosos ajustan y maximizan su capacidad de adaptación con respecto a las necesidades de su compañía, pues saben que esa disposición a estar cambiando sus comportamientos de tal forma que se alineen con las nuevas estrategias y necesidades los hace más versátiles, valiosos y con más posibilidades de obtener oportunidades para demostrar aún más alto rendimiento. Por eso el quinto paso para ser un performer de óptimo rendimiento es "maximizar tu capacidad de adaptación".

Lo que sabemos

La ciencia nos dice que las personas que se adaptan a una organización entregan mejores resultados porque están más satisfechas con sus trabajos y se sienten más comprometidas con la empresa[6]. Este es un concepto científico muy potente llamado, como es lógico, adaptación entre persona-organización[7]. Pero ¿cómo te adaptas a una empresa?

La ciencia sugiere que hay dos formas clave en que los empleados se adaptan a la estrategia de la empresa y a la cantidad de cambios que esta necesita[8]. La "estrategia" describe cómo la compañía planea vencer a la competencia. El "cambio" describe el nivel de confusión que necesitarás manejar durante la implementación de la estrategia. Tu capacidad de adaptación a la estrategia y al cambio servirá para predecir si serás o no un performer de óptimo rendimiento. Estos dos elementos también evolucionan con regularidad al interior de cada empresa y su evolución es la razón esencial por la cual es tan necesario adaptarse.

Las empresas cambian rápidamente. Los ejecutivos actualizan con cierta regularidad la estrategia empresarial para poder responder a las condiciones fluctuantes del mercado, a los cambios regulatorios, al movimiento de productos a lo largo de su ciclo de vida y por muchos otros factores. En un lapso de doce meses, una empresa puede pasar del modo de crecimiento al modo de cambio o de intentar desarrollar productos de vanguardia para enfocarse en llegar a ser un proveedor de bajo costo. Una empresa puede romper rápidamente sus procesos y prácticas para apoyar esos cambios, pero es mucho más desafiante para los empleados tratar de cambiar sus comportamientos y capacidades a esa misma velocidad.

Los seres humanos cambiamos lentamente. Nuestro 50% fijo no nos permite hacer cambios significativos e incluso algunas partes del 50% flexible también trabajan en contra de nuestra capacidad de cambiar. Si durante diez años has intentado hacer un gran esfuerzo, comportarte y crecer de una manera que apoye la estabilidad constante de tu empresa —a medida que esta implementa su estrategia de bajo costo—, es probable que hayas logrado desarrollar capacidades sólidas en esta área. Has tenido diez años de práctica y durante diez años estuviste adaptando tu mentalidad para lograr ese objetivo. Ahora, tu empresa te pide que te adaptes y que lo hagas rápido. Ese es un momento crucial para cualquier empleado y es ahí donde se diferencian los performers de óptimo rendimiento que permanecerán de los que se deslizarán cuesta abajo. El primer paso para maximizar tu capacidad de adaptación es identificar lo que tanto tú como tu empresa aportan durante el proceso de adaptación.

LO QUE TÚ APORTAS A LA ADAPTACIÓN. Tú tienes una forma preferida de trabajar y también un tipo de empresa a la cual prefieres pertenecer. Puede que te guste un ambiente acelerado, frenético y riesgoso de una pequeña empresa que va en crecimiento. Tal vez, disfrutes de la estabilidad, la profesionalidad y la organización de una empresa bien establecida y más grande. Lo más probable es que tengas preferencia marcada por alguna de esas dos opciones, pero podrías adaptarte a un ambiente algo diferente si fuera necesario. Sin embargo, debido a que tu 50% fijo ejerce una fuerte influencia sobre tus preferencias básicas, tendrás que esforzarte más para adaptarte si tu entorno de trabajo no se alinea con el que prefieres según sea tu naturaleza.

LO QUE LA EMPRESA APORTA A LA ADAPTACIÓN. Cada empresa tiene una cultura, una estrategia y una preferencia en cuanto cómo hacer el trabajo. Esos factores crean el entorno al que cada miembro del equipo debe adaptarse. Sin embargo, incluso estos factores pueden cambiar rápidamente. Las presiones competitivas, el proceso de innovación e incluso la evolución natural del mercado significan que la empresa a la que te vinculaste hace apenas unos años, hoy tenga la necesidad de utilizar talentos muy diferentes[9].

Ese ritmo de cambio significa que tú también tienes que cambiar cuando la empresa decide que su estrategia requerirá nuevos comportamientos o capacidades. Si no administras tu capacidad de adaptación según las necesidades de tu empresa, te resultará más difícil permanecer desempeñándote como un performer de alto rendimiento, no importa qué tanto te esfuerces en dominar los otros siete pasos.

Qué hacer

Si evalúas con frecuencia las necesidades cambiantes de tu empresa, sabrás en qué momento adaptar tus capacidades y comportamientos para alinearlos mejor con lo que la empresa necesita. Esa evaluación requiere que tú:

- Entiendas las necesidades cambiantes de la empresa.
- Comprendas dónde encajas naturalmente.
- Te adaptes para poder maximizar tu rendimiento.

Entendiendo las necesidades cambiantes de tu empresa

A medida que la estrategia y las necesidades de cambio de tu empresa evolucionan, las capacidades que definen el alto rendimiento también evolucionan. Así que, cuanto más comprendas con exactitud estos cambios, más rápido adaptarás tus comportamientos a la nueva definición de alto rendimiento.

¿CUÁL ES LA ESTRATEGIA DE LA EMPRESA? Por lo general, la estrategia de una organización se enfoca en lograr uno de estos dos objetivos: ganar siendo la empresa más innovadora o siendo la más eficiente. Cada estrategia requiere de diferentes capacidades y de diversos tipos de mentalidad para tener el éxito deseado. Ganar a través de la innovación casi siempre requiere de tomar mayores riesgos, de más creatividad y de más capacidad de adaptación a la incertidumbre. Ganar a través de la eficiencia suele requerir de un pensamiento más desapasionado, de un proceso de orientación y de capacidades tipo Seis Sigma. Quizás, argumentarás que una empresa debe hacer ambas cosas para tener éxito. Pues, si bien ambas son importantes, la ciencia afirma que una estrategia pura (tratando de ganar siendo la más eficiente o la más innovadora) siempre superará a una mezcla de estrategias para tratar de obtener resultados relativamente buenos en cada uno de estos dos objetivos[10].

¿CUÁLES SON LAS NECESIDADES DE CAMBIO DE LA COMPAÑÍA? Cada organización puede estar pasando por una fusión, un choque económico, un crecimiento rápido, un cambio o un proceso similar que exija líderes capaces de gestionar los cambios esenciales. También puede estar experimentando los típicos altibajos que enmarcan el día a día de la mayoría de las organizaciones. El hecho es que tu éxito en cada uno de estos posibles escenarios requiere de mostrar capacidades muy diferentes según la situación lo requiera.

Es posible que conozcas líderes que prosperan cuando hay caos y cambios a su alrededor, dado que tienen una capacidad única para afrontar grandes riesgos, diseñar una visión empresarial concisa y progresar —ellos son más transformacionales[11]. En cambio, otros líderes son mucho más efectivos en el manejo diario de los retos del negocio, saben liderar su equipo hacia una meta fija, sus relaciones interpersonales son excelentes y son buenos ciudadanos corporativos. Pero ese líder del día a día estará en problemas si se le pide que lidere un cambio masivo y, así mismo, ese líder que prospera en medio de grandes retos se aburrirá en gran manera en un ambiente más tranquilo.

Si combinas la estrategia y los conceptos de cambio, terminas con una cuadrícula de cuatro casillas a la que llamo matriz de adaptación. Es muy útil para evaluar cómo te estás adaptando a los diferentes entornos y fases de la empresa. (Ver la Figura 5-1).

Figura 5-1

La matriz de adaptación

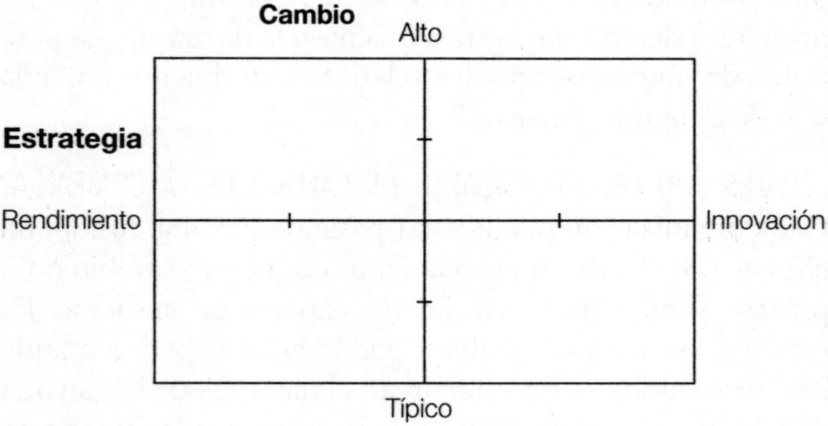

Observa dónde te adaptas naturalmente

Ya que sabes lo importante que es la capacidad de adaptación, debes buscar la manera de desarrollarte en función de maximizarla y aumentar así tu nivel de rendimiento. El proceso comienza identificando dónde te adaptas naturalmente. Como tu capacidad de adaptación es guiada por tu personalidad (el 50% fijo), por las capacidades que has adquirido durante tu carrera y por el ambiente de trabajo que prefieres, esos factores combinados generan una cierta forma de trabajar y te hacen más eficiente en unas situaciones que en otras convirtiéndote en algo así como la pieza de un rompecabezas cuya forma es distinta e interesante en sí misma, pero aún más valiosa cuando encaja con las otras piezas.

Por ejemplo, el fundador y CEO de Amazon, Jeff Bezos, es un líder brillante e innovador que dirigió a Amazon a través de múltiples avalanchas de innovación, desde una librería en línea hasta plataformas de e-tailing para productos (Kindle, Fire), servicios (Amazon Web Services) y nuevas industrias (Whole Foods). Él ha construido una compañía altamente eficiente a lo largo del camino, pero Amazon gana en el mercado porque es una empresa innovadora.

Ahora, tomemos a Bezos —uno de los líderes corporativos más exitosos de la Historia— y nombrémoslo CEO de Exxon Mobil, donde tendría que liderar una empresa enfocada en la eficiencia. ¿Sería Bezos el mejor CEO para desempeñar ese trabajo? Según la definición de adaptación, él sería un CEO excelente, pero no por eso la mejor opción. Su personalidad, sus preferencias y sus años de práctica lo han convertido en un gran ejemplo de adaptación para un tipo específico de desafío —y extraer aceite del suelo no concuerda en nada con los retos que él ha tenido que enfrentar—. El hecho de que él sea tan inteligente y capaz no significa que sea el líder más capaz en toda circunstancia posible. Su pieza del rompecabezas encaja con algunos, pero no con todos, los rompecabezas.

Evaluemos dónde encajas naturalmente según la matriz de adaptación.

PRIMERO, DETERMINA EN QUÉ CAMPO TE ADAPTAS NATURALMENTE. Sigue las instrucciones para evaluarte y comprender cuál es tu forma natural de adaptarte a una empresa.

Matriz de adaptación
Evaluación

SECCIÓN 1. Adaptación a la estrategia

Las siguientes declaraciones describen diferentes tipos de entornos de trabajo. Por favor, lee las dos declaraciones en cada línea. Marca la casilla que mejor describe el ambiente de trabajo o los retos que más te interesan. Si ninguna de las descripciones se ajusta a la perfección a tus intereses, marca la que más coincida con tu preferencia.

	Columna A ¿Prefieres esto?		Columna B O ¿prefieres esto?	
1	Liderar la expansión hacia nuevos mercados y aumentar la clientela	☐	Agilizar los procesos ya existentes y aumentar el nivel de rendimiento	☐
2	Ocupar un cargo que demande enfrentar altos riesgos, pero con el potencial para obtener grandes recompensas	☐	Ocupar un cargo con riesgos moderados y el potencial para obtener recompensas igualmente moderadas	☐
3	Hacer crecer un nuevo negocio	☐	Liderar un negocio en crisis hasta volverlo productivo y exitoso	☐
4	Generar ganancias desarrollando productos y servicios novedosos	☐	Generar ganancias mejorando las prácticas y productos ya existentes	☐
5	Tomar decisiones rápidas, aun sin tener a la mano algunos datos críticos	☐	Tomar decisiones lentas, pero teniendo en cuenta todos los datos relevantes	☐
6	Vender nuevas ideas	☐	Perfeccionar las ideas ya existentes	☐
7	Desempeñar un cargo que requiera atención moderada en los detalles	☐	Desempeñar un cargo que requiere enorme atención en los detalles	☐
8	Desempeñar un cargo enfocado en ideas y posibilidades	☐	Desempeñar un cargo centrado en la ejecución y en consideraciones prácticas	☐

9	Desempeñar un cargo en el que no haya que monitorear el progreso de la meta a cumplir	Desempeñar un cargo en el que haya que monitorear activamente cada paso en el progreso hacia la meta
10	Crear un nuevo proceso de trabajo	Mejorar un proceso de trabajo ya existente
	Total	**Total**
	A Dividido por 2 =	**B Dividido por 2 =**

RESPUESTA DE LA SECCIÓN 1: resta la columna B de la columna A (A menos B) =

1. Cuenta la cantidad de marcas que hiciste en cada columna.
2. Divide cada cantidad por 2.
3. Resta el resultado en la columna B del resultado en la columna A. Escribe abajo la cantidad que te dio como resultado. Podría ser un número negativo.

SECCIÓN 2. adaptación al cambio

¿Qué frase coincide mejor con la descripción que harían acerca de ti las personas que más te conocen bien? Marca una casilla en cada fila.

	Columna A		**Columna B**	
	Quienes te conocen ¿te describirían así?		**¿O así?**	
1	Más dramático	☐	Más tranquilo	☐
2	Prefieres un solo cambio, pero radical	☐	Prefieres un cambio periódico o gradual	☐
3	Otros se adaptan a ti	☐	Tú te adaptas a otros	☐
4	Involucras activamente a otros en una causa	☐	Mantienes un balance entre liderar y seguir a otros	☐

5	Compartes ampliamente tus ideas	☐	Te reservas tus opiniones	☐
6	Te sientes cómodo siendo el centro de atención	☐	Prefieres trabajar detrás de bambalinas	☐
7	Prefieres los riesgos	☐	Prefieres ser cauteloso	☐
8	Eres soñador	☐	Eres realista	☐
	Ignoras las reglas	☐	Sigues las reglas	☐
	Te enfocas en el futuro	☐	Te enfocas en el presente	☐
	Total	☐	**Total**	☐
	A Dividido por 2 =	☐	**B Dividido por 2 =**	☐

Haz un mapa de ti mismo

1. Usa la matriz de adaptación que aparece en la Figura 5-2. Comienza en el centro de la cuadrícula.
2. Tome tu respuesta de la Sección 1. Comienza en el centro de la cuadrícula. Si tu resultado es un número positivo, mueve esa misma cantidad de pasos hacia la derecha. Si tu resultado es un número negativo, mueve esa misma cantidad de pasos hacia la izquierda. Haz una pequeña marca en eso punto.
3. Ahora comienza desde la marca que acabas de hacer. Tome su respuesta de la Sección 2 y si tu resultado es un número positivo, mueve esa misma cantidad de pasos hacia arriba. Si tu resultado es un número negativo, mueve esa misma cantidad de pasos hacia abajo. Haz una pequeña marca en ese punto.

Figura 5-2

Ubícate en la matriz de adaptación

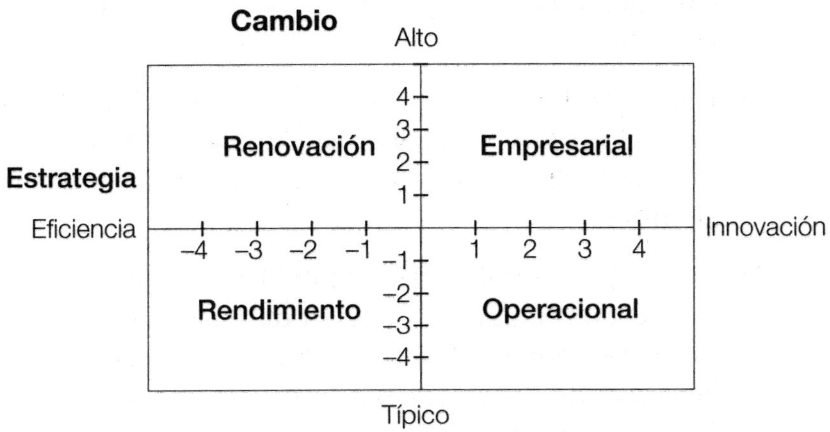

El punto donde quedaste ubicado sugiere el tipo de entorno al que mejor te adaptas naturalmente. Las empresas con retos en esta área de la cuadrícula (no intentes ser demasiado preciso) te harán sentir más comprometido y motivado que otras empresas. Este proceso de mapeo no indica que eres muy capaz en esa área, sino que es más probable que te sientas más comprometido en ella.

SEGUNDO, DETERMINA LAS NECESIDADES DE TU EMPRESA. En este punto, ya sabes que la adaptación describe qué tan bien coinciden tus preferencias e intereses naturales con lo que tu empresa necesita. Además, entiendes dónde encajas naturalmente. La determinación de las necesidades de tu empresa requiere que tú conozcas muy bien cuál es la futura estrategia empresarial para que puedas mapearla en las mismas dos dimensiones: estrategia y cambio. Comprender la estrategia futura es más importante que comprender la actual porque necesitas saber cómo adaptarte mejor para seguir avanzando. Hay ciertas maneras de entender mejor tanto tu empresa como su estrategia:

- Estando tan involucrado en la estrategia de tu organización como para ser capaz de mapearla en la matriz.
- Explicándole la matriz de adaptación a algunos de tus líderes clave y solicitándoles mapear dónde estará la empresa dentro de tres a cuatro años a partir de ahora.
- Si trabajas en una empresa pública, es probable que su sitio web tenga una página de relaciones con los inversores que incluya presentaciones o un resumen ejecutivo de sus estrategias futuras. Lee toda esa información y utilízala para mapear la empresa.

Una vez que hayas evaluado la estrategia de la empresa, dibuje una "F" en la matriz de adaptación justo en la intersección de la estrategia futura de la empresa y las opciones de cambio.

POR ÚLTIMO, EVALÚA TU CAPACIDAD NATURAL DE ADAPTACIÓN. ¿Qué tan cerca o lejos está tu capacidad natural de adaptación de las futuras necesidades de tu empresa? Si tu empresa y tú están en la misma casilla, estás bien posicionado. Si en la matriz hay una distancia mayor entre la futura posición de tu empresa y tú, puede ser más desafiante para ti ser un performer de alto nivel desempeño al interior de la empresa. Eso no significa que no puedas serlo, sino que tendrás que hacer un mayor esfuerzo para asegurarte de que te vean y te desempeñes como un performer con el talento natural que la empresa necesita.

Si existe una brecha entre la ubicación futura de la empresa y tu capacidad natural de adaptación, te sugiero maneras de cerrar esas brechas (ver la Figura 5-3).

Figura 5-3

Cómo cerrar las brechas

Fase de renovación

- Enfrentémoslo, algo salió mal para que tu empresa llegara a este punto. Reconoce que ocurrirán cambios importantes y de transformación que afectarán a algunos de tus compañeros de trabajo. Sin embargo, son cambios necesarios para sostener el funcionamiento de la empresa. Algunas de esas decisiones también podrían afectarte a ti.

- Si afrontas menos cambios: No retrases tus decisiones porque sean difíciles de tomar. Ayuda a otros a comprender la necesidad de avanzar a la siguiente fase y cuáles serán los beneficios una vez que la empresa logre estos cambios. Debido a que tú comprendes mejor cómo reaccionarán los más afectados, ofrécete a ayudarle a la empresa y al departamento de comunicaciones a generar mensajes que les expliquen de la mejor manera posible lo que está pasando y por qué.

- Si eres un gran motivador: Estos cambios, por difíciles que sean, contribuirán a financiar el crecimiento y la innovación empresarial que se requieren. Reconoce que es necesario hacerlos y que, cuando ocurran, al comienzo, generarán caos. Ayuda a identificar qué proyectos necesitan inversión este año y cuáles podrían esperar para reactivarse. Quizá, tú seas mejor que otros para generar nuevas ideas, así que ofrécete como voluntario para ayudar a desarrollar ideas que aceleren los cambios necesarios.

Fase de emprendimiento

- Es emocionante crear nuevos productos y servicios, pero la innovación, como es obvio, trae consigo inestabilidad e incertidumbre. Los riesgos que toma tu empresa, ya sea en productos, servicios, nuevas instalaciones o tecnología, serán los que decidan tu futuro en los próximos años.

- Si tu capacidad de eficiencia es alta: la innovación tiende a generar desorden e ineficacia, motivo por el cual tus habilidades para organizar y estructurar servirán de apoyo en el camino hacia la innovación. Ofrécete a apoyar cualquier gestión de proyectos a gran escala o procesos de implementación en los que tus habilidades sean altamente valoradas. Asegúrate de que los líderes de la empresa te vean como un performer con deseo de ayudarles a avanzar y no como un performer atemorizado.

- Si eres fuerte en operaciones: la organización evolucionará y necesitará mayor producción –una entrega más disciplinada de sus productos o servicios–. Mantén la calma y contribuye a comenzar a construir la infraestructura que se necesitará. Reconoce que los empresarios suelen percibir el proceso como una excusa para la burocracia y la complejidad, así que asegúrate de ser claro en tus acciones y de mantener metas simples.

Fase de rendimiento	Fase operacional
• En compañías con un enfoque basado en el rendimiento, lo más importante es procurar expandir lo esencial. La disciplina, la precisión y el control serán mucho más valorados que proponer ideas descabelladas sobre nuevos productos o mercados. Reconoce que la innovación ayudará a garantizar que un producto o servicio eficiente permanezca lo suficientemente atractivo como para ganar nuevos clientes. • Si tu capacidad empresarial es fuerte: usa tu capacidad para actuar rápido para garantizar que los proyectos avancen al ritmo indicado, sin que haya parálisis por análisis. Usa tu capacidad creativa en las reuniones y lanza ideas mediante frases como "otra opción que quizás deseen considerar sería…" en lugar de lanzar preguntas como "¿por qué no estamos avanzando más rápido, invirtiendo más, etc.?" • Si eres fuerte en la fase de renovación: hay un momento adecuado para impulsar el cambio y otro para permitir que los procesos evolucionen solo con el paso del tiempo. Es probable que veas oportunidades de mejora en todas partes, así que ten cuidado con la forma de seleccionar y poner en movimiento opciones en este entorno en el que hay poco o ningún deseo de cambio rápido. Tu capacidad de acción te será útil cuando encuentres proyectos que sean de verdadero valor e interés para la compañía.	En este estado estacionario, se obtienen beneficios y la organización se mueve con un ritmo predecible. El ambiente es ideal para mantener el éxito adquirido, pero tiende a llevar a la zona de comodidad y a no invertir lo suficiente en generar cambios e innovación. • Si eres fuerte en la fase de renovación: no dejes que la falta de acción y de cambios te depriman. Tú eres alguien que entiende cómo tomar decisiones inteligentes y difíciles, y puedes asesorar a otros sobre cómo invertir mejor para lograr crecimiento, cómo priorizar proyectos y qué talentos se requieren para prosperar en este entorno. Incluso en un estado estable, las cosas van mal, así que ofrécete a aplicar tus habilidades de cambio hasta en el proyecto más pequeño para mantenerte visible y fresco. • Si eres fuerte en fondos de eficiencia: los ahorros generados a través de fondos de eficiencia financian la innovación empresarial. Asegúrate de entender los procesos de la compañía y ofrece sugerencias para reducir el tiempo y el costo, y aumentando la calidad. Reconoce que el dinero producto del presupuesto no siempre cubre tus prioridades, pero que tu empresa ganará solo si cada inversión genera nuevos productos y servicios creativos.

Aunque es probable que necesites aprender o perfeccionar algunas habilidades para mejorar tu capacidad de adaptación, verás que todo lo que necesitas hacer en muchas situaciones es cambiar tus comportamientos. No te preocupes si esos nuevos comportamientos no son naturales en ti. El sexto paso te explica cómo y por qué es posible fingirlos.

Usa tu capacidad de adaptación para maximizar tu rendimiento

Puede que tu empresa no tenga un sistema que evalúe tu capacidad de adaptación, así que, tanto tú como tu equipo, podrán mejorar por su propia cuenta aplicando esta sencilla metodología. Si ya tomaste la evaluación anterior, sabrás dónde te encuentras, así que, en tu próxima conversación acerca de desarrollo con tu jefe, prueba este enfoque:

1. Compártele tus puntos de vista sobre la empresa. Cuéntale acerca de la evaluación que hiciste sobre la futura dirección de la empresa y cuáles serían las implicaciones que tendrían para ti esos resultados.
   - "Bueno, Jim, todo parece indicar que nuestra [empresa o división] se encuentra en la fase [de reinvención, de emprendimiento, económica, operacional] tanto en este momento como en los próximos años. Por esa razón, cuando evalué lo que esta necesitará de sus líderes durante los próximos 24 meses, el resultado es que ellos deberán estar en capacidad de ______, ______ y ______. Es obvio que además necesitarán muchas otras habilidades y comportamientos, pero estos tienden a ser más importantes que otros. ¿Crees que esta sea una evaluación precisa?".
2. Manifiéstale tus ideas sobre ti mismo. Descríbele en dónde crees que encajas mejor y por qué.

"Me veo a mí mismo como la mejor opción para la empresa en la fase [emprendedora, operacional, económica o de reinvención], debido a que, por lo general, mis capacidades [se adaptan bien o me permiten enfrentar el reto] con respecto a la estrategia de la empresa. ¿Estás de acuerdo con mi autoevaluación?".

3. Compártele tu plan. Cuéntale cómo te gustaría crecer y desarrollarte dado lo que la empresa necesita de sus líderes.
   - Si eres una buena opción en el proceso de adaptación: "Me gustaría mantener mi proceso de desarrollo enfocado en ______ y trata de mostrar estas habilidades haciendo ____".
   - Si estás dispuesto a afrontar un desafío: "Como el enfoque de la compañía está cambiando, quiero asegurarme de que mis habilidades y comportamientos también cambien y así ser de mayor apoyo. Creo que debería centrarme en mejorar mis capacidades para ______, ______, y ______, haciendo ______ y ______".
4. Pídele consejo. Cualquier tipo de orientación que tu jefe pueda darte sobre los cambios de la empresa o sobre tu propio desarrollo será muy útil para ti.
   - "¿Qué debo hacer, además o en lugar de las actividades que propongo?".

Concluyendo

Tu capacidad de adaptación es un factor poderoso en tu meta de entregar grandes resultados y convertirte en un performer de óptimo rendimiento. Este es el único de los ocho pasos que se basa en algo que no puedes controlar directamente. Sin embargo, si valoras esa capacidad y adaptas tus comportamientos y capacidades a las necesidades de la empresa, lograrás desempeñarte de manera sostenible y a un nivel que pocos lograrán.

Cuando tu capacidad de adaptación no fluye de manera natural con respecto a los comportamientos que la empresa necesita de tu parte, debes aprender cuándo y cómo "fingirlos". El sexto paso, "Finge nuevos comportamientos", te muestra cómo hacerlo y por qué a veces es más conveniente fingir que mostrar tu verdadero tú.

¿Qué podría interponerse en tu camino?

- Trabajo para una de las muchas sucursales de mi empresa. ¿Debo adaptarme a esta sucursal o ajustarme solo a la estrategia de la empresa? Debes tratar de adaptarte a la sucursal donde trabajas. El propósito de maximizar tu capacidad de adaptación es que sepas comportarte y participar en tal forma que demuestres que tú eres muy valioso para la empresa en cualquier lugar que te ponga. Aunque no está mal estar al tanto de los desafíos y las oportunidades que surgen en otras sucursales, la forma más directa de mostrar que eres un performer de óptimo rendimiento es demostrando que te adaptas muy bien en tu rol y en el lugar actual.
- No puedo ser genuino o auténtico si tengo que comportarme o pensar de una manera que no me permita ser realmente yo. Pronto, llegarás al octavo paso, pero, por ahora, ten en cuenta que existe un conjunto de capacidades y comportamientos que tu empleador requiere de ti. Tú tienes total libertad para decidir si quieres mostrarlos o no. Tienes autonomía para creer que los comportamientos que tu empresa necesita son los adecuados o no, pero acepta que lo único que tu empleador necesita son

resultados específicos. Si no quieres aportar lo que tu empresa necesita porque no te sentirías genuino haciéndolo, entonces deberás encontrar otro empleador cuyos requerimientos te permitan sentirte mejor. Si quieres ser siempre un performer de alto desempeño, reconoce que los empleados deben satisfacer las necesidades cambiantes de su empresa.

- Si acepto frente a mi jefe que no tengo la capacidad de adaptarme a la empresa, ¿no estoy arriesgando mi trabajo? Necesitas decirle a tu jefe que quieres asegurarte de ser un performer de alto rendimiento adaptándote siempre a los cambios y a las nuevas estrategias de la empresa, así que, con el fin de cerrar cualquier brecha, preséntale tu análisis y tu plan de trabajo. Si no lo haces, tu jefe sacará sus propias conclusiones acerca de la manera en que te adaptas a su equipo y podría llegar a tomar decisiones que no te beneficien en el futuro.
- ¿Qué tan preciso debo ser en el mapeo de mi adaptación y la de la empresa? La matriz de adaptación es una guía para ayudarte a analizar qué tan alineado estás (o no) con la estrategia empresarial. Evalúa qué tan cerca o lejos están la empresa y tú en la matriz. Cuanto mayor sea la distancia, más difícil será para ti adaptar tus comportamientos y habilidades a las necesidades empresariales. Si tú y tu empresa están ubicados en el mismo cuadrante del mapa, estás mostrando buen nivel de adaptación. Si estás a menos de la mitad de la cuadrícula donde está ubicada tu empresa, los comportamientos y las habilidades que esta necesita están dentro de tu rango. Si estás a más de media cuadrícula de distancia, y la compañía estará en esa misma posición durante años, deberías preguntarte si de verdad te adaptarás a ese ambiente.

- ¿No es responsabilidad de la compañía ayudarme a entender cómo encajar y hacer los cambios necesarios para adaptarme? Los performers de óptimo nivel de rendimiento toman responsabilidad por su propio éxito y no esperan a que su compañía les reconozca sus capacidades. Además, muchas empresas no son muy sofisticadas en cuanto a la forma en que evalúan a los miembros de su equipo para entender quiénes se adaptan mejor hoy y se adecuarán mejor en el futuro. Cuando tú asumes la responsabilidad de entender cómo te adaptas mejor, y generas los cambios para mejorar, te estás haciendo cargo de tu carrera.
- ¿No se desempeña mejor una empresa cuando tiene diferentes tipos de miembros dentro de su equipo de trabajo? Esto significaría que cualquiera que se ubique en cualquier lugar dentro de la matriz estaría demostrando la capacidad de adaptarse. Si bien hay una creencia de que los equipos compuestos por diverso tipo de performers toman mejores decisiones, los hechos muestran resultados que son mucho más complejos. Diversos tipos de performers generan más y mejores elecciones para el equipo —y eso es positivo. También toman decisiones más lentas y tienen más conflictos, —eso no es tan bueno[12]. Entonces, si quieres avanzar rápido, un equipo menos diverso acelerará tu progreso (incluso si está en la dirección equivocada). Si quieres tomar decisiones más seguras, un equipo más diverso será tu mejor elección.

Recuerda y aplica

La ciencia afirma que:

- Las empresas cambian más rápido que las personas y, a medida que cambian, requieren de diferentes capacidades por parte de sus performers.
- Si sabes adaptarte a la estrategia de una empresa y a sus necesidades de cambio, estarás más comprometido con ella y tu nivel de rendimiento será más alto.
- Cada uno encaja mejor en los diferentes escenarios de la compañía debido a su personalidad, trayectoria profesional y preferencias personales; ninguno de nosotros tiene la capacidad de encajar mejor en todos los escenarios laborales.

Deberías:

- Entender dónde encajas naturalmente en el ciclo de vida de una empresa.
- Comprender dónde estará tu empresa en la matriz de adaptación dentro de tres a cinco años a partir de hoy.
- Aprender y demostrar las capacidades y comportamientos que necesitarás para seguir desempeñarte a futuros altos niveles.

Trate de usar:

- La matriz de adaptación y la evaluación de adaptación para entender cuál es tu ajuste natural y qué tan bien te adaptas a las necesidades de la empresa.

Sexto paso

Finge nuevos comportamientos

El actor Adrien Brody sacrificó su salud, su novia y su estilo de vida para retratar de manera realista a Wladyslaw Szpilman en la película de 2002, *El pianista*. La película cuenta la historia de la aterradora experiencia de Szpilman en el gueto de Varsovia durante la Segunda Guerra Mundial, mientras sobrevivía a los intentos de Alemania por exterminar judíos. Para asegurarse de que él podría representar fielmente en la pantalla los horrores y el aislamiento que Szpilman experimentó en su vida, Brody, con seis pies de estatura, redujo su peso a 130 libras, vendió su apartamento, dejó a su novia, botó su celular y su televisión, y decidió interactuar con muy pocas personas.

Brody practicaba el piano cuatro horas al día para lograr retratar de manera realista el virtuosismo de su personaje. Durante este tiempo, se convirtió en un pianista de tan alta calidad, que en la película es él mismo quien interpreta un difícil pasaje de Chopin y no un pianista profesional. Brody manifestó que su experiencia preparándose para desempeñar ese papel fue tan agotadora emocionalmente, que le tomó más de un año recuperarse de ella. Brody ganó un Oscar por su conmovedora y dramática actuación[1].

No todos los actores deben transformarse por completo para triunfar en la interpretación de un papel, pero la determinación de Brody muestra que es posible convertirte en alguien fundamentalmente diferente a ti en aras de un propósito superior. Entonces, si te piden que muestres algunos comportamientos que no son del todo naturales en ti con el propósito de ser un performer de mayor rendimiento y aceptas, entonces estarás a la altura de cualquier desafío.

No siempre necesitamos mostrar nuestro verdadero yo

Alguna vez, no te han dicho: "No veo el momento en que pueda ir a trabajar sin maquillaje, con un traje bien holgado y cómodo, y tener la posibilidad de decirles a unos cuantos lo que en realidad pienso de ellos. ¡Ese sí es mi verdadero yo!" O "La próxima semana, el auténtico yo aparecerá en la oficina, tomará el control de todos los proyectos y se involucrará en todos los chismes de la oficina charlando con todo el mundo junto a la máquina de hacer café".

Todos los días, "fingimos" en el trabajo por una muy buena razón: nuestras empresas y nuestros compañeros de trabajo nos necesitan. No siempre necesitan ver nuestra versión real de nosotros mismos. Por el contrario: casi siempre, la que necesitan ver es nuestra versión estilizada. La buena noticia es que tú tienes control total para mostrarte de la manera más productiva posible. La clave es entender qué comportamientos necesitas mostrar con el fin de lograr un alto nivel de rendimiento.

Por qué es importante

Eliminemos desde ya la conmoción que nos causa el término "fingir". Un actor profesional necesita comprender y mostrar aquellos comportamientos más poderosos y adecuados en ese momento específico de cada escena. Y como tú tienes una forma preferida de comportarte, cada vez que, de manera consciente, muestras un comportamiento que no va de acuerdo a tus preferencias, estás fingiendo. Y está bien. Sin embargo, nadie que te vea adoptar un nuevo comportamiento te dirá: "Ese no es tu auténtico tú". Más bien, dirá: "¡Vaya! ¡Eres una persona bastante adaptable!" o "¡Es bueno ver ese cambio positivo en ti!". Incluso si no crees por completo en el comportamiento que necesitas mostrar, tu trabajo como performer de alto rendimiento es actuarlo de manera más rápida y convincente que cualquier otra persona.

Además, eres un farsante más hábil de lo que tú mismo crees. ¿Qué me dices de tu risa forzada frente a las bromas tontas de tu jefe? ¿Y qué tal cuando le dices a un compañero importante para ti que "esa fue una gran presentación", después de que casi te duermes escuchando su larga intervención? Aunque no lo creas, tú ya sabes cómo manejar las impresiones de los demás. Este capítulo te ayuda a manejarlas de tal manera que aumenten tu nivel de rendimiento. Lo más importante es que identifiques cuáles son esos pocos y más poderosos comportamientos o acciones que necesitas personificar durante esos retos que son tan típicos en tu función de liderazgo —aquellos que tal vez necesitas fingir y cuándo fingirlos.

A medida que tu carrera evolucione, tu alto nivel de rendimiento requerirá nuevos comportamientos de tu parte. Y mientras más rápido te adaptes a ellos, más te ayudarán a darte a conocer o a ratificarte como un performer de alto desempeño. Algunos no serán tan naturales en ti y es posible que no estés tan convencido de que son la forma correcta de liderar o trabajar. Lo más probable es que los performers más introvertidos se sientan ansiosos al tener que llamar la atención en sí mismos. En cambio, a los autosuficientes no les queda muy fácil entender que existan personas que necesiten entrenamiento para aprender a fingir. El hecho es que la habilidad para, como dice el refrán, "fingir hasta que parezca cierto" es una estrategia real que sirve para poner en práctica comportamientos que te aseguren éxitos en el futuro. Es por eso que "fingir" es el sexto paso hacia convertirte en un performer con un nivel óptimo de rendimiento.

La capacidad de fingir les ayuda a las personas a desarrollar una mentalidad muy abierta en el manejo de sus emociones, sobre todo, cuando se trata de proyectarse. Muchos se sienten felices de creer que ahora sabrán comportarse más como un gerente, tener un punto de vista en reuniones de equipo o pensar más estratégicamente. Aprovecha la buena voluntad que tienen los demás para verte de manera diferente, comportándote como ellos esperan de ti. Recuerda que cada nuevo comportamiento te acercará a tu teórico máximo de rendimiento.

Lo que sabemos

Algunas personas parecen estar cableadas para fingir de manera natural. Y, cuando piensan cómo comportarse frente a una circunstancia determinada, se preguntan: "¿En quién quiere esta situación que yo me convierta y qué tengo que hacer para lograrlo?". Por obvias razones, los académicos las llaman "camaleones", pues su principal enfoque es adaptarse a lo que otros necesitan de ellas. En cambio, en esa misma situación, hay quienes se preguntan: "¿Quién soy yo y cómo puedo ser yo mismo en medio de esto?"[2]. Si eres de los que siente que no hay nada más importante que mostrar una y otra vez lo genuino que hay en ti, te parecerá difícil ser un performer de alto desempeño a medida que tu empresa o tus retos cambien.

Las investigaciones al respecto afirman que:

- Existe muy poca capacidad de fingir en nuestro 50% fijo. Los comportamientos fingidos están un tanto influenciados por la personalidad básica. Las personas más extrovertidas y menos tranquilas o que tienen más confianza en sí mismas que otras son un poco más dadas a fingir sin ninguna dificultad. Eso significa que solo unas pocas personas son mejores para fingir que tú y que tú tienes control directo sobre cuánto y qué tan bien fingir[3].

- Los hombres están un poco más dispuestos que las mujeres a fingir sus comportamientos. No hay una gran diferencia entre hombres y mujeres en cuanto a comportamientos fingidos en el trabajo, pero fingir es una parte clave de la dinámica de negociación y de la habilidad que cada uno tiene para congraciarse con los demás. Lo que sí es un hecho es que los comportamientos fingidos están vinculados a las intenciones de recibir mejores evaluaciones del rendimiento laboral, más ascensos y mejores y más frecuentes aumentos de salario. Así que todos estos beneficios deberían motivar a ambos géneros a fingir más a menudo en el ambiente laboral[4].
- Disfrazamos eficazmente nuestro verdadero yo cuando fingimos. Las personas son menos precisas para identificar tu verdadera personalidad cuando finges un comportamiento. Si bien esa suele ser la razón para fingir, lo que esta habilidad demuestra es que tu comportamiento fingido parece real para quienes lo ven. En otras palabras, fingir funciona[5].

Dado que las necesidades de tu empresa evolucionan, tú también requieres de comportamientos distintos a medida que avanzas en tu carrera, ya que, a veces, tus comportamientos naturales no son los ideales en toda situación. Por lo tanto, tendrás que fingirlos más a menudo de lo que piensas. La ciencia dice que fingir funciona. Entonces ¿qué comportamientos deberías fingir, por qué y cuándo?

Qué hacer

A veces, en el transcurso de tu carrera necesitarás comportarte fuera de tu estilo preferido. Por ejemplo, mientras que la personalidad de algunos les permite surgir con facilidad como líderes, es posible que tú tengas que estar pendiente de recordarte a ti mismo que necesitas llamar la atención de los demás en tus logros. Quizá, tengas que trabajar más duro para lograr que tu equipo produzca los resultados que esperas en lugar de tratar de hacerlo todo por ti mismo. Tal vez, debas parecer más fuerte para asegurarte los recursos que necesitas o con el fin de construir las relaciones interpersonales que deseas.

Tus comportamientos te ayudarán a tener éxito en esta clase de escenarios, por tanto, es útil saber cuáles son los más importantes de exhibir y cómo fingirlos, si fuera necesario. Basado tanto en la ciencia como en mi trabajo con líderes alrededor del mundo, he observado que hay tres escenarios clave en medio de los cuales tu 50% fijo y tus preferencias personales podrían requerir que finjas un conjunto diferente de comportamientos. Estos tres escenarios surgen cuando necesitas:

- Surgir como líder.
- Ser un líder más efectivo.
- Demostrar poder.

Cuando necesitas surgir como líder

Algunos comportamientos te permiten surgir como líder —cuando recibes notoriedad por tus resultados laborales o tienes éxito construyendo relaciones con líderes que ocupan cargos importantes en tu lugar de trabajo[6]—. Otros comportamientos te ayudan a ser un líder eficaz —cada vez que demuestras que sabes cómo guiar equipos, crear estrategias acertadas e impulsar cambios positivos—. Ambos tipos de comportamientos son esenciales, pero es necesario enfatizar sobre cada uno de ellos en diferentes puntos de tu carrera.

A riesgo de simplificar en exceso lo que se requiere para tener éxito en los dos, las investigaciones encargadas de este tema afirman que los líderes emergentes se diferencian a sí mismos mediante su habilidad en la construcción de relaciones ascendentes, descendentes y en todos los niveles de la organización. La misma ciencia dice que los líderes eficaces se diferencian a sí mismos por lo bien que se comunican con sus equipos y los gestionan. Así que saber qué conjunto de comportamientos mostrar y en qué momento es esencial para un performer de alto rendimiento[7].

Cuando eres nuevo en un cargo, en una empresa o estás comenzando tu carrera, los comportamientos que te ayudan a "surgir" son esenciales para hacerte notar como un performer de alto rendimiento, pues te permiten emerger como líder llamando la atención entre quienes te rodean para que se vayan familiarizando contigo tanto a nivel personal como profesional. Recuerda que no serás un líder efectivo hasta que te des a conocer como tal. Algunos factores del 50% fijo apoyan los comportamientos emergentes, así que, quienes tienen mayor conciencia, más capacidad de extroversión y de apertura tienen una ventaja natural en esta área. Si tú no estás naturalmente cableado para mostrar comportamientos propios de un líder emergente, es esencial que trabajes en adquirirlos para que los demás los noten y puedas competir por los recursos específicos y la atención que tu empresa brinda.

Si no crees que deberías llamar la atención y prefieres que tu alto nivel de trabajo hable por sí mismo, te insto a que reconsideres esa idea, puesto que, para que emerjas y tengas éxito necesitas que los demás conozcan tu alta calidad de trabajo y se sientan satisfechos al respecto. En tu empresa hay solo unos cuantos lugares para los performers de alto potencial; los CEO tienen muy poco tiempo disponible para ellos y solo hay unos cuántos dólares en la piscina de las bonificaciones disponibles para los triunfadores. Lo que todo esto significa es que, si quieres obtener tu parte justa de cada una de estas atenciones, debes lograr que tu trabajo sea valorado.

Existen tres comportamientos clave que necesitas simular para emerger y hacerte notar como líder: promover tus ideas, hacer amigos y mostrar ambición.

PROMOVER TUS IDEAS. El buen trabajo no se nota en sí mismo —o por lo menos, no es siempre notorio para las personas a las que nos gustaría que le importara—. Para emerger como líder es un requisito que tus logros reciban notoriedad. La lograrás más fácilmente teniendo puntos de vista sólidos sobre temas importantes, junto con una base de datos que sustenten tus opiniones, además del coraje necesario para expresarlas. Hablar y lucir confiado al hacerlo es el predictor más consistente del éxito de un líder emergente. Te ayudará el hecho de que tus ideas estén bien definidas y sean probadas como verídicas con el paso del tiempo, pero tu primer paso[8] es tenerlas y expresarlas.

Necesitas un poco de ego para buscar la manera en que tus ideas tengan reconocimiento; hay un punto de inflexión entre surgimiento y arrogancia. Cada vez que tengas una buena idea (incluso intenta buscarla de antemano), asegúrate de exponerla en medio de una reunión y antes que otros se te adelanten y sean ellos quienes la pongan sobre la mesa (este es un riesgo particular para las mujeres). Exprésala con la misma confianza en ti mismo con la que dices tu nombre[9]. Sin embargo, ten cuidado, no permitas que tu imagen llegue más lejos de los resultados que en realidad puedas dar.

HACER AMIGOS (O AL MENOS, CONTACTOS).
Necesitas que las personas adecuadas te observen en el momento adecuado. Existen algunos componentes sociales y empresariales para hacer bien este proceso. El componente social implica que seas visible en los eventos de la empresa, que almuerces y tomes café con tus compañeros y jefes clave, y que estés en contacto con ellos a diario. Piense en todos estos como en los típicos comportamientos extroverti-

dos —estás conectándote con los demás, haciéndolos sentir especiales, construyendo relaciones y redes[10].

Para llamar la atención, también debes hacer una magnífica labor. Tu objetivo es lograr que tu trabajo le agrade a tu jefe de tal manera que él mismo busque tu apoyo cada vez que sea posible. Esto lo logras haciendo un trabajo de alta calidad y solicitándole las asignaciones de más alto perfil. Asegúrate de no criticar a tu jefe, sobre todo en alguna área donde él se sienta orgulloso de sus logros[11]. Todas estas tácticas tienden a sonar como jugar a la política o a halagar más de la cuenta —y así es. Te parecerán un tanto desagradables o nada genuinas, pero está claro, según la ciencia, que este tipo de comportamientos diferencian a los que triunfan de los que no lo logran.

Estas recomendaciones tienden a sonar similares a las que describí en "Conéctate", el cuarto paso hacia convertirte en un performer de óptimo nivel de rendimiento. En realidad, sí existe una similitud entre ciertas estrategias de conexión y las estrategias a usar para surgir como un líder reconocido, así que usa algo de la misma planificación de gestión de las relaciones interpersonales, junto con las herramientas que describí en ese capítulo. Te ayudarán a surgir.

La buena noticia es que los halagos funcionan y es poco probable exagerar en ellos. En su libro, Jeffrey Pfeffer relata un experimento realizado para probar cuántos vendrían siendo demasiados halagos. Se suponía que una pequeña dosis de elogios era buena, y que más era mejor, pero que demasiados tendrían efectos negativos sobre la persona que halagaba. ¿El hallazgo? La curva nunca se niveló. Resultó que ninguna cantidad mayor de halagos alguna vez causó que la persona que los estaba recibiendo pensara lo peor acerca de la que se los estaba haciendo[12].

MOSTRAR AMBICIÓN. Por obvio que parezca decirlo, para ser un performer de alto rendimiento debes demostrar que quieres triunfar y contribuir al máximo con tu organización. Para lograrlo, sé directo al manifestarle a tu jefe que tú quieres aportar más de ti y que, para hacerlo, estás dispuesto a entregar lo mejor de tus capacidades laborales, a comportarte según lo que la empresa requiere de ti y a sacrificarte en lo que sea necesario con tal de lograrlo. Demuestra que en ti hay ventajas bastante competitivas, la pasión por ganar como individuo y por impulsar a tu equipo hacia mayores resultados. Asegúrate de que tu trabajo sea de muy alta calidad, de mantener a tu equipo en niveles de rendimiento lo más altos posible y de llevar a quienes no se están desempeñando lo suficientemente bien a niveles superiores de rendimiento.

Todos estos comportamientos te ayudarán a surgir, pero son solo una parte de todo lo que necesitas para ser un performer de alto nivel. Sin embargo, si demuestras que esto que haces es solo para surgir, llegará el momento en que serás etiquetado como político, egoísta o sin escrúpulos y el progreso de tu carrera se volverá lento[13]. Y una vez estés ocupando un mando medio en el esquema organizacional, deberás comenzar a equilibrar esos comportamientos con comportamientos que demuestren que tú sí eres un líder eficaz.

Cuando necesitas ser un líder más efectivo

Un líder emergente se enfoca en sí mismo. Eso está bien para conseguir notoriedad, pero es un descarrilador si deseas avanzar hacia cargos de mayor responsabilidad gerencial. Un líder eficaz hace a un lado su ego y cambia su enfoque para obtener mejores resultados a través de y con otros. Muchos líderes gravitan de forma natural hacia los comportamientos típicos de un gerente. Sin embargo, si estás tratando de pasar de ser un líder emergente a uno efectivo lo más rápido posible, o si has sido un individuo colaborador durante muchos años, lo más probable es que debas trabajar más con el fin de aprender estos comportamientos.

Los líderes efectivos pasan más tiempo en la administración del día a día del negocio y al mismo tiempo trabajan en la construcción de la calidad y profundidad de sus equipos[14]. Tres tácticas te llevarán más rápido a tu meta: tener una visión clara, evaluar y actualizar tu talento y brindar entrenamiento honesto.

CUENTA UNA HISTORIA CLARA Y MOTIVANTE SOBRE TU VISIÓN. Una visión clara facilita que tu equipo evolucione y se desempeñe en niveles más altos[15]. Al menos una vez por trimestre, debes desarrollar y comunicar una visión que incluya estos tres puntos:

- Describe el estado futuro. La forma más simple y sencilla de comunicar tu visión es por medio de una declaración desde/hasta. "Como [empresa, división o región], estamos pasando de ser una compañía que hace "esto" por "estas personas" y "de esta manera" a ser una compañía que hará "esto" por "estas personas" y "de esta manera". Por ejemplo: "Estamos pasando de ser una empresa proveedora de tecnología a empresas norteamericanas y competente en precios a ser una consultoría de transformación tecnológica integrada a las empresas globales y a un precio superior".
- Explica por qué el futuro es emocionante y necesario. Describe por qué esa visión significa llegar a un nivel más alto para el negocio que donde se encuentra hoy ("Seremos competidores más fuertes"; "Llegaremos a hacer más trabajos de vanguardia"). Muestra por qué el futuro no es solo un destino deseable, sino también necesario ("Perderemos participación en el mercado si no lo hacemos"; "Si no

cumplimos esta meta, venderán la empresa"; "Nuestro tipo de empresa no existirá dentro de diez años").

- Convence sobre los beneficios. Los miembros de tu equipo están interesados en el futuro de la empresa, pero también se preocupan por su propio futuro. Describe cómo su vida será mejor gracias a esta nueva visión (más oportunidades de desarrollo, mayor remuneración para los performers que rindan los resultados más altos). Reconoce que no a todos les gustará el cambio. Está bien. Si ellos lo entienden y aun así no les gusta, no son los performer que necesitarás a futuro. Una de las ventajas de tener una visión clara es que esta le ayuda a la gente a decidir si quiere estar dentro o fuera de la empresa.

EVALUA Y ACTUALIZA TU TALENTO. Los líderes eficaces entienden que el talento de mejor calidad ofrece mejores resultados en los negocios. Por eso, invierten el tiempo necesario para construir equipos de alta calidad. Un ejercicio que utilizo cuando les enseño a líderes de alto potencial sobre cómo obtener más de los miembros de su equipo se llama comprar / vender / mantener, está basado en lo que el jefe de operaciones de un importante banco de inversión me dijo hace muchos años, cuando le ofrecí una forma complicada de analizar el talento: "Marc, yo analizo a mi equipo de la misma manera en que analizo mi portafolio de inversiones. Todos los días, evalúo los resultados que obtengo y analizo si quiero aumentar, disminuir o no cambiar mi nivel de inversión. El día que no haga un cambio, estoy diciendo que estoy contento con esa cartera, que no hay un mejor rendimiento que yo pueda ganar. Y eso es exactamente lo mismo que hago con mi equipo". Hagamos ese ejercicio. Si lideras a otros, escribe los nombres de todos los miembros de tu equipo. Luego, frente a cada nombre, escribe una C, una V o una M para determinar si te gustaría comprar (invertir más), vender (invertir menos o deshacerse de) o mantener (conservar el mismo nivel de inversión) a cada uno de ellos. Lo más probable es que tú ya sepas qué necesitas cambiar y conservar en tu equipo y este ejercicio a lo que te ayudará es a verlo con más claridad. Si tus calificaciones son todas compras, entonces lo que eso significa es que tienes un equipo muy inusual o que necesitas elevar tus estándares. Trata de pedirle a uno de tus colegas que califique a tu equipo bajo los mismos criterios tuyos y observa si su opinión es diferente o resulta similar a la tuya.

BRINDA ENTRENAMIENTO HONESTO. Como seres humanos, hemos sido cableados para llevarnos bien con los demás, motivo por el cual, el hecho de ser brutalmente honestos con otros suele ser incómodo. Además, saber cómo hacerlo también es un sello distintivo de los líderes que saben construir equipos de alto rendimiento. Tú quieres decirle a cada uno de los miembros de tu equipo qué es aquello que tú sabes que mejorará su rendimiento. Así que haz la lista de los miembros de tu equipo y escribe ese aspecto único y singular frente a cada nombre. Luego, programa una reunión de 30 minutos con cada uno en el transcurso de las próximas dos semanas para hablarles sobre el tema y darles formas específicas mediantes las cuales practicar y mejorar en ello haciéndoles ver que este comportamiento les ayudará a desbloquearse y a mejorar su nivel de rendimiento.

A medida que adquieres conductas de líder efectivas, es probable que te preocupes por no ser muy bien reconocido si es tu equipo el que entrega buenos resultados y no tú. Sin embargo, lo más probable es que, si tu equipo ofrece excelentes resultados, tú también seas visto como un performer de alto rendimiento.

¿Por qué no puede un líder exhibir comportamientos tanto emergentes como efectivos? Las investigaciones muestran que menos del 10% de los líderes de alto rendimiento alcanzan alta puntuación en ambos roles. Los pocos líderes que se ubican en ese grupo élite del 10% demuestran las características de ambas categorías, pero a nivel moderado[16]. Lo que esto significa es que sí es posible lograrlo, pero se requiere de un esfuerzo enorme. Es casi como lograr que tu personalidad básica actúe de una manera que sea consistente e inconsistente a la vez.

Cuando necesitas demostrar poder

Tener poder es tener la capacidad de cambiar el bienestar, las finanzas y las actitudes de otras personas. A veces, necesitas ejercer poder para tener éxito en tu organización, pero este no siempre estará a tu disposición en el momento que lo requieras, sino que deberás cultivarlo paso a paso. Te aconsejo que comiences a adquirirlo desde ahora, pues te garantizo que lo necesitarás en algún momento de tu carrera.

Lyndon Johnson fue muy ágil para adquirir poder y supo manejarlo, pero conseguirlo suele ser una lucha para muchos de nosotros. Yo, personalmente, me siento incómodo ejerciendo poder. Un entrenador ejecutivo me dio gran un consejo a medida que me desempeñaba en mi rol corporativo más reciente. Como yo me quejaba acerca de la naturaleza política de la empresa en la que estaba trabajando, él me hizo ver que la política era el nombre del juego en ese momento y que, me gustara o no, yo era un jugador activo en ese juego. "Si no quieres jugar ese juego", me dijo, "salte de él. Pero si quieres ganar, enfócate en dominar las reglas del juego y rígete por ellas".

Ya sea que se juegue de forma abierta o sutil, el poder es el nombre del juego en tu empresa. Tal vez, te resulte difícil fingir que actúas con poder, pero si deseas obtener estatus o recursos, debe mostrar este comportamiento tan esencial. Tres pasos te darán más poder y más rápido: ser visible, gestionar y hacer feliz a tu jefe.

SER VISIBLE. Un método bastante sencillo y eficaz te ayudará a ganar poder: figurar. Y luego, volver a figurar (una y otra vez). Este es un fenómeno llamado "efecto de mera exposición" y demuestra que cuanto más familiarizados estén los demás contigo, más positivamente pensarán de ti. Las personas sienten que es menos probable que todo lo que les sea familiar las sorprenda y les genere riesgos[17]. Esto significa que, cuanto más a menudo te vean, te oigan, lean y conozcan sobre ti e interactúen contigo, mayor será tu probabilidad de ir adquiriendo poder en influir en quienes te rodean.

Te vuelves más visible de maneras obvias: hablando (productivamente) en reuniones; compartiendo cafés y almuerzos con compañeros y superiores; viajando con tu jefe; recibiendo asignaciones de proyectos importantes.

GESTIONAR. Acabaste de leer que halagar y congraciarte son dos muy buenas estrategias que te ayudan a surgir como líder. En este caso, las mismas estrategias también funcionan por las mismas razones que funcionan en ese caso: porque la gente que te halaga y quiere congraciarse contigo quiere agradarte más, y cuanto más les agradas, más poder (control, presupuestos, proyectos) te confieren[18]. Gestionar es similar a ser visible, sino que lo logras de una manera diferente. Ser visible es un enfoque amplio para obtener poder —recibes notoriedad por parte de muchas personas—. En cambio, gestionar es ser notorio para unos pocos y muy selectos.

Para gestionar bien, identifica quiénes son los líderes que tienen a su cargo el poder y los recursos que tú necesitas para hacer más exitosa tu carrera. Sin lugar a dudas, tu jefe directo es uno de ellos, pero trata de identificar tres o cuatro más. Si llevas algún tiempo haciendo parte de la organización, ya sabes de quienes se trata, pero si no, averigua al respecto. Por ejemplo, pregúntale a tu jefe: "¿Quiénes son los líderes de alto nivel que más debo conocer?". Averigua entre tus compañeros: "¿Quién será el próximo líder que se unirá al equipo ejecutivo?".

Una vez los hayas identificado, busca la oportunidad de invitarlos a un café o a almorzar, pero antes prepara una agenda a seguir durante la conversación. Si tu jefe te ha dicho que debes conocer a alguien en especial, pídele que le envíe una nota presentándote. Si estás trabajando en un proyecto y es esa persona quien lo lidera, pregúntale si te permite darle algunas ideas. En todo caso, busca la manera de comentarles a tus líderes que estás trabajando para darle un rumbo a tu carrera y por tal razón te gustaría saber cuál sería tu próximo movimiento al interior de la empresa. Diles que valorarías sus opiniones debido a su experiencia y a sus perspectivas sobre la empresa. Si te preocupa que ellos tomen tus palabras como simples adulaciones, recuerda que la ciencia afirma que eso no debe importarte, que lo único importante es trabajar en tus metas.

HACER FELIZ A TU JEFE. Tu jefe está en la posición más indicada para darte poder y tú quieres aportar un gran rendimiento en todas las áreas que más le preocupan a él. Tú sabes que, de acuerdo a la ciencia, incluso si tu nivel de desempeño es débil, tu jefe tendrá una mejor opinión sobre ti si te has encargado de que tu relación con él sea sólida y confiable. Para lograrlo, pregúntale con cierta frecuencia qué áreas son las más le preocupan. Pídele orientación sobre los proyectos y asignaciones en las que estés trabajando, pero pregúntale de tal forma que hagas hincapié en tu competencia, pero que lo hagan sentirse importante a él. Habla bien de él con otros. Verás que tus comentarios le llegarán a través de sus contactos dentro de la empresa. Recuerda que lo mismo ocurrirá si hablas mal[19].

Si estás dispuesto a fingir, exhibe comportamientos propios de un performer de alto rendimiento en las situaciones más importantes. Lo que esto significa es que procures no mostrar una y otra vez tu verdadero yo. Es mejor poner en práctica aquellos comportamientos generadores de rendimiento consistente y óptimo.

Concluyendo

Dos factores de rendimiento que no puedes falsificar son el sueño y el ejercicio. Si bien no hay escasez de sabiduría en internet sobre estos temas, un performer de alto desempeño solo se preocupa por lo que está científicamente comprobado que funciona. El séptimo paso, "Involucra tu cuerpo", te dice lo que en verdad funciona y qué no.

¿Qué podría interponerse en tu camino?

- Me estás pidiendo que mienta. No, te estoy pidiendo que te comportes en formas en las que no estás acostumbrado y que te conducirán a entregar altos niveles de rendimiento. A menos que estés en desacuerdo fundamental con estos comportamientos, simplemente, estás aprendiendo a adaptarte mejor a cada situación y podrás volver a cambiarlos, si quieres, pero después de que hayas tenido éxito. Si no estás de acuerdo con los comportamientos recomendados, deberías compórtate de la forma que sientas que obtendrás los mejores resultados.
- No soy un buen actor. ¿Cómo puedo fingir bien? Inténtalo aunque no lo hagas perfecto la primera vez, pero el primer paso es intentarlo. Lo bueno de la práctica es que, por lo general, te ayuda a mejorar. Mantente fiel a los consejos que te presento en este capítulo con respecto a cada escenario y pídeles tanto a tu jefe como a tus compañeros e incluso a tus subalternos sus comentarios sobre tus nuevos com-

portamientos. Y para obtener mejores resultados, utiliza el enfoque avanzado descrito en el segundo paso, “Compórtate como un vencedor”.

- ¿Cómo puedo aprender lo más rápido posible a implementar los comportamientos más adecuados? Es difícil aprender a gran velocidad nuevos comportamientos. Entre más oportunidades aproveches para ponerlos en práctica, más rápido los adquirirás (revisa el tercer paso, “Crece más rápido”). No te preocupes por convertirte en un performer genial de la noche a la mañana. Céntrate en aquellos comportamientos más importantes que necesitas mejorar en cada escenario. Así, te asegurarás de que, incluso si aún no eres un experto, centrarás tus esfuerzos en lograr lo que más te convenga.

Recuerda y aplica

La ciencia afirma que:

- Diferentes tipos de comportamientos nos beneficiarán en diferentes situaciones.
- Todos somos capaces de cambiar nuestros comportamientos; los cambios dramáticos requerirán un mayor esfuerzo, pero siguen siendo 100% posibles de adquirir.
- Es especialmente importante saber cómo y cuándo hacer el cambio necesario para pasar de comportarte como un líder emergente a comportarte como un líder efectivo.

Deberías:

- Tener muy buena comprensión sobre cuáles son esos comportamientos clave que más beneficiarán tu desempeño en diferentes escenarios. Olvida tu yo genuino y enfócate más en convertirte en tu yo efectivo.

- Reconocer que fingir es solo una parte del proceso de cambio de tus comportamientos; es algo así como tu primera ronda de práctica.
- Evaluar la etapa de tu carrera en la que te encuentras, cuáles son tus necesidades de desarrollo y en qué medio ambiente te encuentras para ver qué tipo de comportamientos tendrás que aprender a fingir, pues te brindarán grandes beneficios.

Trata de usar:

- El proceso de avance para obtener información sobre qué cambios de comportamiento son los más importantes para tu carrera.

Séptimo paso

Involucra tu cuerpo

Te encuentras recostado en la playa que está cerca del histórico Hotel del Coronado en el bello sur de California. A tu alrededor se encuentran los amigos que han pasado las últimas dos semanas contigo sobre esa arena blanca y entre el agua teñida de jade. Son las 3:00 a.m. y te acercaste a ellos después de permanecer casi 30 minutos en la arena, donde las heladas olas casi rozaban tu cuerpo. Estás empapado y tiemblas sin control. Tus manos están agrietadas y pesadas. Cada músculo de tu cuerpo está lleno de ácido láctico y te sientes adolorido por el ejercicio ininterrumpido que llevas haciendo durante las últimas 60 horas. A través de un megáfono, escuchas a un hombre gritar que deberías abandonar el grupo y subir a disfrutar de un delicioso café caliente acompañado de rosquillas que te espera a 100 pies de distancia. Has dormido apenas dos horas en los últimos tres días. ¿Qué estás haciendo?

Pues si quieres es ser un SEAL de la Marina de los Estados Unidos, tendrás que seguir adelante con esa rutina durante otros dos días y medio y continuar con ese mismo ritmo de ejercicios, pero aún más intensos y con solo dos horas de sueño adicional. Esos candidatos a ser parte de SEAL, que están luchando contra el sueño, se encuentran asistiendo al entrenamiento subacuático BUD/S, el primer paso para convertirse en un miembro de esta élite militar del Equipo de Fuerzas Especiales. Durante la semana conocida como Hell Week Section de BUD/S, los candidatos son probados durante cinco días y medio mediante un entrenamiento brutalmente difícil en el cual deben afrontar frío extremo, ropa mojada y menos de cuatro horas de sueño en total. Más del 80% de ellos recibe la invitación a aceptar el café y las rosquillas mientras que unos pocos selectos continúan avanzando hasta lograr hazañas físicas y de sagacidad mental que nunca imaginaron posibles.

Quienes se gradúan del entrenamiento BUD/S se acercan a un teórico máximo de rendimiento que la mayoría de nosotros jamás esperaría lograr. Su capacidad de entregar resultados tanto físicos como mentales durante cinco días y medio con casi nada de sueño sugiere que nuestro cuerpo tiene mucho más potencial para entregar resultados bajo estrés del que nosotros nos imaginamos. La pregunta es ¿cómo hacer para lograr utilizar mejor todo aquello que sabemos sobre el cuerpo humano y alcanzar el máximo de rendimiento?

Por qué es importante

Tu cuerpo juega un papel crucial en tu desempeño. Es importante comer bien, hacer ejercicio y dormir lo suficiente. Sin embargo, no tendrás un alto nivel de rendimiento solo porque duermas ocho horas, consumas una dieta equilibrada y visites el gimnasio con frecuencia. También necesitas centrar tu interés en la forma en que la ciencia dice que puedes usar tu cuerpo para rendir mejor en el trabajo. El séptimo paso para convertirte en un performer de óptimo rendimiento consiste en "involucrar tu cuerpo".

Resulta sorprendente, pero el hecho es que es poca la ciencia que se ocupa de hacer un vínculo directo entre nuestro cuerpo y el alto nivel de rendimiento individual en el trabajo. Con respecto al tema, la ciencia que existe afirma que el sueño es lo más importante, que el ejercicio tiene efectos menores y específicos, y que la dieta no tiene efecto directo en el rendimiento. Y además, sostiene que eso no significa que el ejercicio y la dieta no importen en tu vida, pero que ninguno de los dos tiene mucho poder para potenciar tu rendimiento en el trabajo. Por esta razón, comencemos nuestra discusión con respecto al sueño.

Es difícil ignorar todos esos artículos que increpan a los profesionales activos con respecto a sus malos hábitos de sueño y que pretenden animarlos a obtener ocho horas de un sueño tranquilo en una habitación preparada de antemano para que esté fresca, oscura, sin mascotas y sin exposición a dispositivos electrónicos. Esa es una meta idealista y, sin duda alguna, también es el mejor consejo para optimizar la calidad del sueño, pero no es realista para la mayoría de nosotros.

Los performers de alto desempeño necesitan consejos para dormir que sean un poco más matizados. ¿Cuál es la mejor estrategia para dormir y maximizar tu nivel de rendimiento y tu tiempo? En otras palabras, si ocho horas es ideal para un performer de alto rendimiento, ¿qué pasa cuando duermes apenas seis horas? ¿O toda la noche? ¿Qué hacer cuando tu sueño es de baja calidad o muy poco? Esas preguntas nos ayudan a sopesar las consecuencias entre invertir dos horas adicionales para trabajar o jugar durante cada día a sabiendas de que la falta de sueño disminuirá nuestra capacidad de rendimiento y nos dificultará asumir comportamientos acertados.

Lo que sabemos

Dado que muchos de nosotros dormimos menos de lo que creemos necesitar, todo performer de alto rendimiento debe saber cuál es la cantidad de horas de sueño indicada para él y cómo contrarrestar los efectos de dormir poco o tener un sueño de mala calidad. Esa es una estrategia esencial. Muy pocas investigaciones acerca del sueño se ocupan de explorar cuáles son las implicaciones prácticas de la pérdida de sueño al tratar de alcanzar rendimiento máximo. La mayoría de los estudios del sueño se enfoca en cómo funcionan las personas después de 24 horas de falta de sueño, pero no estudian lo que ocurre duran esas semanas continuas de cinco a seis horas de sueño a las que muchos profesionales suelen enfrentarse. Y a pesar de esa información inexacta, siguen habiendo conocimientos prácticos sobre el sueño que nos acercan a nuestro teórico máximo de rendimiento. Empecemos con lo básico.

Calidad de sueño

Existen varias definiciones acerca de lo que es calidad de sueño, pero la mayoría incluye la facilidad o dificultad que tengas para conciliar el sueño, la profundidad percibida del sueño y la cantidad de veces que te despiertes mientras duermes a lo largo de la noche[1]. Solo hay una pequeña relación entre la calidad del sueño y la cantidad de sueño, lo que significa que una buena noche de sueño no depende —menos de lo que podrías imaginar[2]— de la cantidad de horas que duermas.

LA CALIDAD IMPACTA EL DESEMPEÑO MÁS QUE LA CANTIDAD. Los efectos negativos del sueño provienen más de la baja calidad que de la baja cantidad. El sueño de baja calidad reduce tu rendimiento y tu satisfacción laboral, y aumenta la frecuencia con la que piensas en renunciar a tu trabajo. En cambio, dormir pocas horas no causa ninguna de esas reacciones. Eso podría explicar por qué algunas personas operan bien con cinco horas por noche mientras que otras luchan para funcionar incluso después de haber dormido ocho horas[3].

¿MAL HUMOR? ES LA CALIDAD DEL SUEÑO, NO LA CANTIDAD. ¿Es evidente esa desagradable desventaja? El mal humor es mucho más probable debido a tu calidad de sueño que la cantidad de horas que dormiste. La calidad del sueño afecta tu estado de ánimo, por lo menos, cuatro veces más que la cantidad[4]. La ciencia demuestra que tu estado de ánimo será mejor con un período más corto de sueño de alta calidad que con un período más largo de descanso, pero frecuentemente interrumpido[5].

Cantidad de sueño

A pesar de años de investigación científica, todavía no hay un acuerdo claro en cuanto a cuál es la verdadera cantidad natural de sueño que necesitamos. La National Sleep Fundation afirma que está entre seis y diez horas, con una preferencia de siete a nueve horas, pero otros científicos afirman que la cantidad ideal para dormir[6] está entre seis y media y siete horas. Un estudio realizado entre habitantes de tribus remotas que no tienen el mismo estilo de vida agitado que el nuestro, ni dispositivos sobrecargados a su alrededor, concluyó que ellos duermen un promedio de seis horas por noche[7]. Ese parece ser un punto de partida razonable sobre cuánto necesitamos dormir naturalmente.

LA PÉRDIDA DE SUEÑO AFECTA TUS FUNCIONES BÁSICAS, NO LAS EJECUTIVAS. Uno de los hallazgos más sorprendentes sobre el hecho de no conseguir dormir lo suficiente es que la falta de sueño afecta tus habilidades básicas más que las ejecutivas. Pensarás que tener sueño disminuye tu capacidad para participar en conversaciones o para desarrollar tareas complejas, pero que no afecta tu capacidad de conducir hacia la oficina o recordar los nombres de tus mejores clientes, pero no es así. El verdadero impacto de la pérdida de sueño es exactamente lo contrario, aunque existen estrategias que te ayudarán a conciliar el sueño. Las investigaciones muestran que, con la pérdida de sueño, tus capacidades más básicas fallan primero. En cambio, tus capacidades de orden superior siguen funcionando relativamente igual. Lo que eso significa es que el peligro de la falta de unas buenas horas de sueño no es que dañes esa gran presentación que necesitas hacer, sino que arruines tu auto cuando vayas de camino a hacerla, pues estarás cabeceando.

Incluso si tus capacidades de orden superior continúan funcionando más o menos igual cuando duermes menos, no están funcionando al máximo nivel. Tu creatividad para solucionar problemas disminuirá, serás menos innovador, estarás de mal humor y tus habilidades comunicativas sufrirán con menos horas de sueño[8]. Estos hallazgos fueron hechos a partir de estudios realizados con personas que habían estado despiertas 24 horas, lo cual significa que los efectos no serán tan dramáticos si solo dejaste de dormir durante una noche.

NO ESTÁS BIEN CON CINCO HORAS DE SUEÑO CADA NOCHE. Algunas personas aseguran que su horario regular incluye tan solo de cuatro a cinco horas de sueño. Eso afirman Martha Stewart, Donald Trump y figuras históricas como Thomas Edison. Sin embargo, si así fuera, ellos serían la excepción. Solo un promedio del 5% de las personas logra funcionar al máximo de sus capacidades con menos de seis horas de sueño por noche[9]. Incluso si siempre quisieras dormir menos, te resultaría desafiante lograrlo. Nuestros genes controlan nuestro hora preferida de despertarnos y es casi siempre la misma hora, así que es difícil entrenarnos para dormir mucho menos que lo que nuestro cuerpo nos exige de manera natural[10].

Qué hacer

Los performers de alto desempeño deben responder tres preguntas para determinar la cantidad correcta de sueño que su cuerpo necesita para producir el máximo rendimiento y cómo compensarlo lo mejor posible cuando no obtienen el descanso suficiente.

1. ¿Cómo obtengo la calidad y cantidad de sueño adecuadas?

Todavía no hay una manera científica de determinar la cantidad adecuada de sueño que necesitamos. Si consideras que la ciencia dice que una siesta de diez minutos puede "sustituir" una hora de sueño, entonces seis a siete horas de sueño (con una siesta) es un punto de partida razonable[11]. Esa cantidad de horas diarias podría generar una pequeña deuda de sueño durante la semana, pero es posible compensarla con dos horas de sueño extras cada noche durante el fin de semana. Si te excedes un poco en la cantidad de sueño durante la semana, no te preocupes. La ciencia dice que unas pocas noches con cinco horas de sueño no reduce sustancialmente tus capacidades, así como tampoco lo harán unas cuantas noches con siete horas de sueño o más[12].

Quizás, el mejor consejo para obtener un sueño de alta calidad te sonará familiar; también sonará como si debieras ser un monje para lograrlo. En todo caso, intenta seguir las siguientes recomendaciones en tu rutina de sueño y en este mismo orden:

- Encuentra un horario de sueño y rígete a él. Ve a dormir y despierta a las mismas horas todos los días. Tu cerebro opera a cierto ritmo y cambiar los tiempos de sueño o vigilia lo confunde y hace que te sientas soñoliento, incluso si tuviste un sueño de alta calidad.

- No ingieras cafeína durante las seis horas anteriores a acostarte. Su efecto potenciador permanece en tu cuerpo por más tiempo del que crees (tu organismo necesita un promedio de cinco a seis horas para reducirlo un 50%)[13]. Si tu última taza de café es a las 6:00 p.m., a la medianoche todavía sentirás algunos efectos de la cafeína. Tal vez, digas: "Yo puedo quedarme dormido al instante, incluso después de un doble expreso". En ese caso, estarías refiriéndote a lo rápido que te duermes, pero no a la calidad de tu sueño. Y es el sueño de baja calidad el que hace que tus probabilidades de comportarte como un idiota malhumorado al día siguiente sean mayores[14].

- No ingieras alcohol durante las tres horas anteriores a acostarte. Como la cafeína, el alcohol interfiere en tu ciclo natural de sueño porque calienta tu cuerpo y te pone en un sueño profundo, pero no en estado de recuperación —aumentando el sueño REM.
- Consume una comida alta en carbohidratos cerca de la hora de acostarte. Si la consumes durante las cuatro horas anteriores a acostarte, te ayudará a quedarte dormido más rápido[15].

Toda esa ciencia es esclarecedora y útil en teoría, pero desafiante para aplicarla en la realidad. Quizá, no descubras cuál es la cantidad de horas de sueño ideal para ti; quizá, des y des vueltas durante ocho horas y tu calidad de sueño sea baja. La ciencia también tiene una respuesta para eso y te instruye sobre cómo mantener una ventaja competitiva, incluso cuando dormir es un desafío para ti.

2. Cuando mi calidad de sueño es baja (o sé que será baja), ¿cómo puedo garantizar un buen nivel de rendimiento al día siguiente?

Incluso con una calidad de sueño inferior a la óptima, si sigues estas instrucciones simples y manejables, mantendrás un nivel de rendimiento alto.

- Sé autoconsciente. Ten en cuenta que, debido a la baja calidad de sueño que tuviste, es muy probable que estés de mal humor. Más pensamientos negativos ("no me valoran"; "no me gusta mi trabajo", etc.) vendrán a tu mente. En los días en que tu calidad de sueño sea baja, habla contigo mismo al llegar a tu oficina o lugar de trabajo y hazte el recordatorio de que "anoche, no dormiste bien y necesitas asegúrate de comportarte e interactuar de manera positiva, hoy". Además de ser consciente de eso, procura que quienes están cerca de ti (tu asistente, tu mejor amigo de la oficina, etc.) sepan que tuviste una mala noche y pídeles que te manifiesten si estás de mal humor o comportándote de una manera menos que ideal. Esa es una diferencia entre un performer de alto rendimiento y otros —que tú reconoces y corriges tus debilidades y no esperas que los demás te disculpan por ellas.

- Selecciona la comida. Un bajo nivel de azúcar en la sangre puede hacerte sentir todavía más malhumorado. Procura mantenerlo estable para que te ayude a combatir los efectos negativos de la baja calidad de sueño. La ciencia de la nutrición alimentaria afirma que un desayuno con alto contenido de carbohidratos y a alta temperatura funciona mejor para este propósito y que debes evitar comer demasiado durante el día[16]. Si ese tipo de comida te suena poco apetecible, piensa en consumir avena, no en cereal de multigranos secos. ¿No eres bueno para desayunar? Está bien. Préstale mucha atención a lo que acabaste de leer sobre la cafeína y acepta que, si tomas más de tu dosis normal de cafeína para combatir la somnolencia, estarás potenciando las probabilidades de que te sientas más malhumorado de la cuenta.
- Intensifica el ejercicio matutino. Tal como describiré en la próxima sección de ejercicios, los mejores beneficios para luchar contra el sueño provienen de entrenamientos más intensos, más largos, pero solo te ayudarán el mismo día que los hagas. La buena noticia es que el ejercicio no solo te ayuda a ti; tam-

bién le ayuda a tu jefe. Un estudio mostró que los jefes son menos desmedidos cuando hacen ejercicio en la mañana[17].

3. Cuando mi cantidad de sueño es baja (o sé que será baja), ¿cómo puedo garantizar buenos resultados al día siguiente?

Ya que sabemos que menos horas de sueño afectan mucho nuestro funcionamiento básico y nuestro alto nivel de rendimiento, ¿cuál es la mejor estrategia para incrementarlos? Por fortuna, los científicos han estudiado con exactitud sobre la típica pregunta acerca de cuál de los dos remedios comunes —una siesta o consumir cafeína— les ayuda más a las personas con dificultades de sueño. La ciencia dice que el poder de estas dos soluciones para reducir los efectos de la pérdida de sueño va en este orden:

- Las siestas. Son la mejor manera de compensar la falta de sueño y mantener tu nivel de rendimiento superior al rendimiento que produces cuando has estado privado de sueño. En experimentos realistas, los investigadores restringieron a los participantes y solo les permitieron dormir cinco horas para luego tomar siestas de entre 30 segundos y 30 minutos. Resultó ser que una siesta de 10 minutos es óptima y que las siestas más cortas o más largas no aumentan tu estado de alerta, ni hacen que te sientas más despierto[18]. Una siesta es mucho más eficaz que la cafeína si tu objetivo es aumentar tu rendimiento y no solo mantenerte alerta[19].

- La cafeína. Piensa en la cafeína más como un potenciador de seguridad que como un potenciador del rendimiento. La ciencia es clara en que menos horas de sueño afectan las funciones cerebrales básicas (estado de alerta, velocidad de reacción, atención) más que las avanzadas. Esas son exactamente las funciones sobre las cuales la cafeína ejerce mayor efecto[20]. De todos los alimentos posibles, solo la cafeína afecta de forma clara y directa el rendimiento, generando amplios beneficios como una capacidad de reacción más rápida, la disminución de la fatiga, mejor estado de ánimo, memoria laboral más alerta y demás. Después de ingerir cafeína, quizá no serás un mejor vendedor, programador o gerente, pero estarás despierto, alerta y con más capacidad para funcionar durante el día. Las cantidades recomendadas para obtener esos beneficios son de una a ocho tazas de té o de una a cuatro tazas de café al día[21].

Ten en cuenta que la privación crónica del sueño exacerba todo, desde la diabetes hasta la obesidad a los accidentes automovilísticos. Ninguna solución presentada aquí pretende sustituir el sueño reparador de cada noche y con la mayor frecuencia posible.

Ejercicio y rendimiento

Has escuchado esto toda tu vida —dieta y ejercicio, dieta y ejercicio— y es un gran consejo si quieres vivir una vida larga y saludable. La pregunta clave es si hay alguna evidencia real de que la dieta y el ejercicio ayudan a mejorar tu rendimiento en el trabajo.

Mientras que el sueño genera un beneficio directo y significativo sobre el nivel de rendimiento, los efectos del ejercicio resultan ser mucho menores y sus efecto son, más que todo, a largo plazo. No es que el ejercicio no importe, pero a diferencia del sueño, la falta de ejercicio afecta a menor escala el rendimiento. La ciencia afirma que:

- El ejercicio ayuda más al buen desempeño de las funciones ejecutivas. Estas no te ayudan a convertirte en un ejecutivo; te ayudan a planificar, a administrarte a ti mismo y a trabajar en función de tus objetivos. Esa es una buena noticia, ya que esas funciones promueven el alto rendimiento. El ejercicio le proporciona un impulso limitado a este tipo de funcionamiento, pero no ejerce un efecto significativo en las funciones más básicas de tu cerebro[22].

- El ejercicio no te ayuda a recordar más. Mejoras tu memoria ejercitando ese mismo día, pero el ejercicio a largo plazo solo aumenta ligeramente la memoria a corto plazo y no modifica en absoluto la capacidad de la memoria a largo plazo[23].
- El ejercicio crea un ciclo virtuoso. Las personas con mejor estado físico logran mayor rendimiento, mientras que aquellas con bajo nivel de estado físico no tienen buen rendimiento. De hecho, sus funciones ejecutivas parecen funcionar a niveles más bajos cuando hacen ejercicio[24].
- Los ciclos de ejercicio físico más largos ayudan más. Cualquier ejercicio de menos de 20 minutos no produce beneficios de rendimiento el mismo día, así como el ejercicio de menos de 11 minutos afecta tu funcionamiento ejecutivo de ese día.
- El ejercicio, mientras más intenso, más ayuda, pero solo el que realizas en la mañana. El ejercicio fuerte tiene el doble de beneficio para el cerebro que el ejercicio moderado. Los ejercicios aeróbicos y de resistencia combinados son mucho más beneficiosos que los aeróbicos solos[25]. Curiosamente, solo el ejercicio matinal produce beneficios en el desempeño medibles el mismo día[26].
- Entonces, ¿qué puedes hacer para incrementar tu rendimiento con la ayuda de ejercicio?

- Hacer ejercicio intenso —aeróbicos y pesas. Un metaanálisis mostró que si alguien hace, por lo menos, 20 minutos de ejercicio intenso, su funcionamiento ejecutivo es mayor el mismo día. Esto incluye sesiones de entrenamiento aeróbico y de resistencia a la vez. En cambio, el ejercicio suave (es decir, 15 minutos de trote en la cinta de correr) no logra ese mismo efecto, y hacer bien sea entrenamientos aeróbicos o de resistencia no resulta tan útil como hacerlos los dos en una misma sesión[27].
- Combinar el ejercicio y la cafeína. El ejercicio no tiene ningún efecto en tus funciones cerebrales básicas, por lo que obtendrás los mejores resultados de rendimiento si combinas ejercicio y cafeína para potenciar tus capacidades básicas y avanzadas.

Dieta

Al igual que el ejercicio, una dieta saludable proporciona muchos beneficios a largo plazo, pero ninguna ciencia sugiere que cualquier conjunto específico de alimentos o una dieta determinada conduzcan directamente a un mayor rendimiento en el trabajo. Solo la cafeína proporciona beneficios de desempeño que sean consistentes y comprobados, aunque está científicamente comprobado que otras sustancias legales, incluidos los medicamentos recetados y los suplementos, mejoran tu rendimiento mental. Mi consejo es que te centres, primero que todo, en los ocho pasos.

Concluyendo

Tu manera de manejar tu cuerpo es un factor controlable que te ayuda a prevenir la disminución del rendimiento, pero no a potenciarlo. Algunos aspectos sobre el sueño y el ejercicio son bastante conocidos, pero debes ser más estratégico en cuanto a cómo practicar los que generan alto desempeño. Sin embargo, tu alto nivel de rendimiento, el hecho de que inviertas en tu crecimiento personal y pongas en práctica los comportamientos adecuados, serán infructuosos si tus estrategias para lograr un sueño saludable y reparador fallan. Por fortuna, la ciencia no dice que el alto rendimiento requiere de niveles olímpicos de ejercicio o de una calidad de sueño como la de los adolescentes. Seis o siete horas de sueño en una habitación fresca y tranquila, junto con un ejercicio matutino intenso, te ayudarán a incrementar tu capacidad de rendimiento.

Ya conoces los siete pasos que te llevan por un camino directo y controlable hacia el alto rendimiento. Solo hay una cosa más por hacer —no arruinar estos pasos cayendo en alguna tendencia de gestión de rendimiento. Esas tendencias provienen de fuentes tanto bien como mal intencionadas, pero las dos comparten el común denominador de dañar tu capacidad para ser un performer con un nivel óptimo de rendimiento. En el octavo paso, "Evita las distracciones", aprenderás cuáles de esas tendencias más populares debes ignorar.

¿Qué podría interponerse en tu camino?

Tú controlas cuánto tiempo duermes y con qué frecuencia haces ejercicio, así que no hay sección de preguntas y respuestas en este capítulo.

Recuerda y aplica

La ciencia afirma que:

- La calidad del sueño es más importante que la cantidad de sueño; el promedio ideal para dormir es entre seis y siete horas.
- Las habilidades de orden inferior son las que primero fallan cuando no obtienes suficiente calidad de sueño reparador.
- Se ha comprobado científicamente que las siestas y la cafeína compensan en parte la baja calidad y cantidad de sueño.

Deberías:

- Informarles a tus compañeros de trabajo cuando hayas tenido una mala noche por falta de sueño, no como una excusa para que soporten tus comportamientos, sino para que te mantengan alerta de posibles oleadas de mal humor y te ayuden a comportarte como debes.
- Tomar una siesta de 10 minutos (donde sea posible) e ingerir cafeína para compensar temporalmente la baja calidad o cantidad de sueño.
- Hacer un entrenamiento intenso durante las horas de la mañana para activar tu capacidad de rendimiento durante el día y compensar en parte la baja calidad de sueño de la noche anterior.

Octavo paso

Evita las distracciones

Ser un performer de alto rendimiento sería más fácil si los contenidos de cada *bestseller* en temas de administración y de cada charla popular de TED fueran ciertos. Experimentarías lo insólito del éxito si leyeras los 10 *bestsellers* de *Wall Street Journal* en el campo de los negocios y siguieras al pie de la letra lo que cada libro dice. Por desgracia, nadie dice nada con respecto a cuáles de esos libros y charlas están llenos a base de verdades y cuáles ofrecen consejos no probados y contenidos científicamente probados como erróneos —hasta el momento.

El paso final en tu viaje hacia el alto rendimiento es evitar las tendencias que te alejan de las premisas que en realidad incrementan tu rendimiento y cuya eficacia está científicamente comprobada. Muchas de estas falsas tendencias presentan consejos que parecieran hacer tu vida más fácil (enfócate en tus fortalezas), aumentar tu nivel de rendimiento a gran velocidad (adopta una mentalidad de crecimiento) o brindarte autoconfianza instantánea (haz una pose de poder). Todas están bien comercializadas, a menudo, por algún profesor carismático de alguna escuela de negocios de gran renombre en una de esas estereotipadas charlas de TED. Casi siempre, se apoyan en un papel científico que respalde sus afirmaciones, pero pronto se les demuestra que están repletas de exageraciones (inteligencia emocional), conceptos reetiquetados de uno ya existente (la autodeterminación) o, simplemente, falsedades (poder a través de una pose).

Por qué es importante

No permitas que tu arduo trabajo para convertirte en un performer de alto desempeño se descarrile siguiendo consejos de gestión que tal vez sean populares, pero bastante cuestionables. Estas modas no solo no te ayudarán a acercarte a tu teórico máximo de rendimiento, sino que perderás un tiempo valioso durante el cual podrías poner en práctica los ocho pasos que se ha comprobado que funcionan. A continuación, encontrarás un resumen de algunas de estas tendencias populares de gestión, en qué están mal y lo que en realidad deberías hacer en su lugar.

Qué (no) hacer

Un performer de alto desempeño debe evaluar con enorme cuidado cualquier concepto que sea comercializado como una forma rápida y fácil de mejorar el rendimiento. Utiliza "la ciencia, la "investigación o ciencia concluyente" antes de creer en cualquier teoría, pues aquellas que suenan demasiado buenas para ser verdad, por lo general, lo son. Ese es el caso de los siguientes enfoques.

(Por favor, no) Enfócate en tus fortalezas

Gallup ha vendido millones de libros que afirman que si te enfocas en lo que eres bueno o esperas ser bueno, tendrás más éxito. A esto lo llaman tus "fortalezas". Este concepto parece ser una receta maravillosa para ser feliz en el trabajo. La propuesta es que tú no tengas que enfrentar ninguna verdad dura sobre aquellos aspectos que te estén reteniendo de avanzar en tu carrera o por los cuales estés arriesgándote a fracasar al tratar de intentar algo nuevo. Sin embargo, quienes sugieren un enfoque basado en las fortalezas no ofrecen pruebas científicas de que las personas se desempeñan a un nivel superior o se desarrollan con mayor efectividad si se enfocan en esa propuesta. Ante esto, les he pedido a los líderes del grupo de fortalezas de Gallup que brinden información científica que ofrezca evidencias que sustenten que su enfoque funciona. Su empresa cuenta con más de diez años de datos sobre el funcionamiento de su enfoque y, sin embargo, ellos dijeron que aún no tienen pruebas científicas que demuestren su efectividad.

Por otro lado, existen otras investigaciones que muestran: (1) cuáles son esos comportamientos que necesitamos para tener éxito a medida que atravesamos por cambios dentro de la organización. Lo que esta premisa deja en claro es que las fortalezas de hoy pueden ser irrelevantes mañana; (2) tenemos menos fortalezas de las que creemos (si definimos una fortaleza como ser mucho más hábiles en algún área que otros); y (3) nuestras debilidades (los "descarriladores" descritos en el segundo paso, "Compórtate como un vencedor") retardarán o detendrán nuestro progreso profesional[1]. Enfocarte en tus fortalezas te ayudará a ser mejor en las mismas áreas en las que ya eres bueno hoy, pero no te ayudará a ser bueno en nada más.

¿QUÉ HACER ENTONCES? Tus fortalezas son parte de tu personalidad, de tu trayectoria profesional, producto de tus intereses y nunca dejarán de seguir siendo tus puntos fuertes. Sin embargo, si subes el dial cada vez más y más alto en ellas, crearás descarriladores (recuerda que en el segundo paso, "Compórtate como un vencedor", aprendiste que una fortaleza demasiado enfatizada se convierte en un descarrilador). Mantente alerta y escucha lo que otros opinan sobre las habilidades y comportamientos que deberías mejorar para tener más éxito, pues estarían encantados de encontrar algunos puntos no muy fuertes para que te concentres en lo que afirma el segundo paso con respecto a cómo juntar todos los aportes que recibes sobre tus debilidades y cómo utilizarlos para cambiar ciertos comportamientos lo más pronto posible.

La inteligencia emocional no predice el éxito en el liderazgo

Es una idea maravillosamente intuitiva pensar que nuestro nivel de rendimiento podría llegar a mejorar si manejáramos mejor nuestras emociones y percibiéramos con mayor precisión las emociones de los demás. Lo que a menudo se vende como inteligencia emocional (IE) pertenece casi en su totalidad al factor fijo del 50% de la personalidad y no predice el rendimiento en el trabajo mejor que lo que lo hace la personalidad[2]. El líder científico experto en la personalidad, Tomás Chamorro-Premuzic, comentó que la IE, simplemente, había reenvasado elementos muy poco atractivos de la personalidad, pero en un envoltorio más bonito, diciendo, "Incluso si el CE [cociente emocional] fuera en gran parte un vino viejo envasado en una botella nueva, por lo menos, así es más bebible"[3].

Subir el dial demasiado alto en la IE podría hasta llegar a crear una condición llamada psicopatía, que consiste en que te vuelves tan perspicaz sobre las emociones de los demás, que te conviertes en manipulador y superficial[4]. La IE funciona para hacerles seguimiento a CI más bajos en algunas situaciones, pero si te hacen falta puntos de CI, estarás enfrentándote a un desafío de rendimiento mucho mayor[5].

¿QUÉ HACER ENTONCES? Es útil entender cómo te perciben los demás con respecto a la manera en que manejas tus propias emociones y las de quienes te rodean. De esta manera, te será más fácil corregir cualquier comportamiento que pudiera resultar perjudicial. Seguir estos procesos lo suficientemente bien como para tener éxito no es otra cosa que utilizar tu CI. De lo que se trata es de comportarte de maneras que valoren quienes te rodean. A medida que leíste el segundo paso, fue evidente que hay personas que tienen mucho éxito a pesar de los que parecerían ser niveles bajos de su IE. Sigue el proceso definido en el segundo paso para obtener retroalimentación directa o indirecta sobre las áreas que a tus colegas y personas de confianza les gustaría que cambiaras.

Diez mil horas de práctica son agotadoras e irrelevantes

En la Introducción mencioné algo sobre esta teoría, pero quiero puntualizar al respecto y expresar algo más en cuanto a esta "práctica". El mito de que cualquiera puede llegar a dominar una habilidad si invierte diez mil horas de práctica en ella ganó terreno con ayuda del libro de Malcolm Gladwell, *Outliers*. La ciencia dice que esa afirmación, simplemente, no es cierta. En estudios realizados con ajedrecistas y músicos, la investigación muestra que esas horas de práctica tan solo representan un promedio de un tercio del desempeño de un performer[6]. Otra ciencia muestra que los atletas olímpicos y los maestros de ajedrez superaron a sus contendores incluso desde cuando eran niños, antes de que pudieran acumular muchas horas de práctica[7]. Lo que esto significa es que es innegable que la práctica ayuda, pero no es la solución mágica para lograr máximos niveles de rendimiento como algunos afirman.

¿QUÉ HACER ENTONCES? Reconoce que el talento natural aunado a muchas horas de práctica producirá grandes resultados. Si no tienes un talento natural y, a pesar de ello, lo prácticas muchas horas, solo tendrás como resultado muchos fines de semana muy agradables practicando algo que te gusta.

No desarrollarás agallas leyendo un libro

Otro *bestseller* y una charla popular en TED se centran en un factor que la autora llama "agallas". Ella afirma que se trata de un nuevo factor que ella identificó y que estimula el nivel de rendimiento. Lo define como "perseverancia y pasión por los objetivos a largo plazo"[8]. El único problema con esa afirmación es que la ciencia muestra que las agallas son casi en su totalidad lo que es bien conocido como el factor de personalidad identificado como conciencia y, por lo tanto, pertenece al 50% fijo del que hemos estado hablando a lo largo de estas páginas[9].

Sabemos que la conciencia impulsa el rendimiento, así que no hay nada de nuevo en el descubrimiento que proclama esta autora. Tu nivel básico de agallas (conciencia) es fijo, motivo por el cual, algunas personas siempre serán más naturalmente "agalludas" que tú. Es cierto que puedes esforzarte más para mantenerte más enfocado en ciertas tareas y distraerte menos, pero esa táctica no es nueva y aquellos performers con menor nivel de conciencia tendrán dificultades para dominarla.

¿QUÉ HACER ENTONCES? Usa las tácticas para establecer metas descritas en el primer paso, "Establece grandes metas" con el fin de enfocarte en pocas metas, pero que sean las más importantes para ti. Estarás menos distraído si intentas enfocarte en tres grandes metas que en diez. Ponte límites de tiempo claros en el cumplimiento de todas ellas y enfoca tu atención en ellas al tiempo que consideras la posible adición de maneras de irlas midiendo a medida que avanzas. Este método te asegurará que estés midiendo y corrigiendo tu progreso, el cual se irá viendo a punta de perseverancia.

Comprometerse con los resultados y no necesariamente con la "autenticidad"

Parece difícil argumentar en contra de la idea de ser un "líder auténtico" cuando la otra alternativa sería ser un "líder no auténtico". Tal vez, ese desafío es lo que le ha permitido a esta idea ganar fuerza entre líderes y consultores.

El concepto comenzó con el *bestseller*, *Authentic Leadership*, que declaró que la América corporativa estaba en una crisis de liderazgo y que se necesitaban más líderes auténticos —abiertos, conscientes de sí mismos y genuinos— para hacer avanzar al país. Después de que líderes académicos de Stanford, INSEAD y de las escuelas de negocios de Wharton atacaron ese concepto, el autor del libro respondió: "La esencia del liderazgo auténtico es la inteligencia emocional"[10]. Como leíste anteriormente, esta corriente sugiere que el liderazgo auténtico se construye sobre la base ya inestable de la IE. Además, un auténtico líder no fingiría deliberadamente algunos comportamientos de liderazgo, a pesar de que la ciencia sugiere que es posible y deseable hacerlo a medida que evolucionas como líder.

¿QUÉ HACER ENTONCES? El consejo de "conócete a ti mismo para ser un mejor líder" es, sin duda, útil y tú puedes llegar a serlo mediante las actividades propuestas en el segundo paso, "Compórtate como un vencedor". Pero no pretendas que lo que la gente siempre necesita ver de ti es tu versión sin filtro. Es mucho mejor entender si lo que la gente necesita ver de ti en determinada situación es diferente a tu versión genuina. Así que haz lo mejor posible para actuar de esa manera. El sexto paso, "Finge nuevos comportamientos", te proporciona la orientación necesaria sobre por qué y cómo hacerlo.

Una mentalidad de crecimiento es genial –para los niños

El concepto de "mentalidad de crecimiento" es el favorito de los prototipos de Silicon Valley que creen que esa es la clave del éxito[11]. Según el libro *Growth Mindset*, una persona con esta actitud mental cree que los seres humanos siempre podemos aumentar nuestra inteligencia, mientras que aquellos con una "mentalidad fija" creen que los seres humanos somos quienes somos y ya. Es decir que, de acuerdo a quienes defienden este concepto, si solo cambias tu mentalidad fija a una mentalidad de crecimiento, serás capaz de cualquier cosa. También afirman que tener una mentalidad de crecimiento es la única manera de aumentar el rendimiento aun a pesar de que la propia investigación del autor muestra que otros tipos de mentalidad también son efectivos[12].

Los estudios originales del autor para justificar este concepto son bastante interesantes y aplicables —a los niños. La principal investigación del libro se llevó a cabo en aulas escolares con niños pequeños, no en adultos cuyo cerebro está completamente formado[13]. El cerebro de los niños es todavía flexible y está en crecimiento para que ellos alcancen mayor inteligencia (aumenten su CI) durante esa etapa, pero la inteligencia se vuelve fija cuando ya eres un adulto. No importa cuánto, ni qué tanto intenten los adultos para aumentar significativamente su CI a la edad de 35 y 40 años, el hecho es que ya no pueden aumentarlo[14]. Además, hay un 50% fijo del componente de la personalidad que determina si hay en ti una mentalidad de crecimiento natural o no[15]. De modo que, eso, aunado a un CI invariable, significa que poder cambiar y pasar a una mentalidad de crecimiento es un desafío significativo y mucho más difícil que decir: "Creo que puedo".

¿QUÉ HACER ENTONCES? Si quieres lograr más de lo que pensaste que podrías, o atravesar una barrera de rendimiento, sigue los consejos que encontrarás a lo largo de *8 pasos* y comienza por establecer grandes y desafiantes metas. No vas a ser más inteligente porque pongas en práctica todos estos consejos, pero es muy probable que logres mucho más que si te enfocas en intentar cambiar tu mentalidad.

La pose de poder es quizá la tendencia en administración más tonta de todas

Lanzada como tantas otras tendencias, a través de un artículo científico y una charla TED, la pose de poder surgió de una investigación que mostró que, cuando alguien se centra en hacer posturas más agresivas, ocurre un aumento de la testosterona. Los autores afirmaron: "Quienes modelaron poses de alto poder experimentaron aumento en sus niveles de testosterona, disminuyeron el cortisol y aumentaron la sensación de poder y tolerancia al riesgo; los que moldearon poses de bajo poder exhibieron los resultados contrarios"[16]. En otras palabras, si te mantienes firme en el camino correcto, siéntete listo para enfrentarte al mundo.

Eso suena bien, pero es 100% falso, según uno de los coautores del artículo, quien se dio cuenta del fracaso del experimento, y otros científicos que también intentaron y no pudieron replicar el experimento original[17]. Sin embargo, esa declaración no les ha impedido a más de 16 millones de personas ver la charla de TED, ni creer en el concepto de las poses de poder que se filtró entre la gente casi en la categoría de leyenda urbana.

¿QUÉ HACER ENTONCES? Simplemente, párate de la manera que quieras —igual, no importa.

¿Qué podría interponerse en tu camino?

- ¿Cómo puedo diferenciar lo verídico de lo falso de todas estas teorías sin haber hecho un doctorado en sicología? A menudo, escucho esta pregunta. Aunque no siempre es fácil, hay algunas pautas que te ayudarán. Comienza por referirte a los conceptos que aparecen en la Introducción y que definen investigación, ciencia y ciencia concluyente. Te ayudaran a reconocer que no todos los descubrimientos proclamados por algunas personas como ciertos, dados los resultados obtenidos durante sus estudios de doctorado, son necesariamente verdaderos.

- Pídeles a quienes hacen este tipo de aseveraciones que te den una prueba de que sus conceptos fueron científicamente comprobados e ignóralos si la prueba que te ofrecen es una referencia de empresas de marca ("Google utiliza esto, así que debe ser correcto"), producto de experiencias personales ("Este concepto me ha funcionado en cuatro empresas diferentes") o está basada artículos no científicos ("En este último mes, *Vanity Fair* publicó un gran artículo sobre el tema"). Sé un consumidor escéptico y aprende a darte cuenta de que todo lo que suena demasiado bueno para ser verdad, es probable que lo sea.
- ¿Qué hay de malo en probar nuevas alternativas? Es genial mantener una mente abierta a posibles nuevas formas de aumentar tu rendimiento. Sin embargo, tu mente abierta también debería ser una mente escéptica que exige una prueba de que lo que te digan funciona sin tener que apresurarte a ser el primero en adoptarlo. Ya sabemos tanto sobre desempeño humano, que tiene sentido ejecutar lo que esté probado que funciona cuando se trata de incrementar nuestro rendimiento, sin tener que esperar a que alguien descubra un nuevo y mágico camino para lograrlo. Esa enorme cantidad de la evidencia existente sobre el tema del rendimiento también significa que cualquiera que diga haber descubierto algo nuevo tiene un reto muy alto para comprobar que su propuesta funciona de verdad.
- Mi compañía me dijo que usara una de las tendencias que usted mencionó en este capítulo. ¿Qué tengo que hacer? Debes ser un buen ciudadano corporativo y seguir adelante, a menos que estés en posición

de argumentar en contra de la herramienta, el libro o el producto. Considera los resultados de esa evaluación con escépticismo.

Conclusión

Cada uno de nosotros comienza nuestro camino hacia un mayor rendimiento en diferentes puntos. Algunos de ustedes cuentan con muchas de las ventajas naturales de rendimiento que hacen parte de su 50% fijo. Nacieron en medio de un hogar de clase alta en un país desarrollado, fueron a escuelas de calidad y tuvieron pocos, si los tuvieron, desafíos personales significativos a medida que crecían. Otros, tal vez tengan que comenzar un paso atrás debido a sus problemas familiares, económicos, de salud, a desafíos sociales o a algún tipo de discriminación bien sea evidente o sutil. El hecho es que tú no puedes controlar nada de lo que sucedió antes de este momento, así que usa tu pasado para incentivar tu viaje de rendimiento. Y aunque cada uno comenzamos nuestro viaje en un lugar diferente, cada uno tenemos la libertad de controlar en donde iremos a parar.

En el prefacio mencioné lo maravilloso que sería si alguien nos dijera desde temprana edad cómo tener éxito. Pues bien, acabamos de tener esa conversación. Ahora ya sabes con total exactitud lo que se ha demostrado que funciona para convertirte en un performer de alto rendimiento y cuentas con las herramientas y los conocimientos que necesitas para aplicar estos consejos. Todos y cada uno de los ocho pasos son claros, potentes, y está comprobado científicamente que funcionan.

Reconozco que son sencillos, pero no fáciles. Lograrlos requerirá un esfuerzo significativo y sacrificio personal de tu parte. Y está bien. Si fueran fáciles, no te sentirías tan bien con respecto a convertirte en un performer con un óptimo nivel de rendimiento. Puedes implementar tantos pasos como quieras, pero reconoce que cuantos más pasos des, más probable será que incrementes tu nivel de rendimiento. Verás los beneficios inmediatos de cada uno, así que te recomiendo que, hoy mismo, elijas alguno y tomes las medidas necesarias para avanzar.

Ser un performer con óptimo nivel de rendimiento es una opción. ¡Enfócate en lo que puedes cambiar… e ignora el resto!

Apéndice

Inventario de los 10 rasgos de la personalidad

Esta evaluación de diez puntos en un minuto está científicamente probada para ser casi tan precisa como un test de personalidad de media hora de duración[1]. Es posible que desees hacerla unas cuantas veces y promedies tus puntajes para obtener los resultados más precisos. Te garantizo que te ayudará a comprender tus tendencias naturales, pero no uses los resultados como una excusa para tus comportamientos. Autoevaluarte te mostrará cual es el "color natural de tu cabello", no los límites de tus comportamientos.

A continuación, hay una serie de descripciones que podrían o no aplicar a ti. Utiliza la escala a la derecha y escriba un número al lado de cada conjunto de palabras para indicar en qué medida estás de acuerdo o en desacuerdo con esa declaración. Debes calificar la medida en que cada uno de los dos rasgos aplica a ti, incluso si una característica aplica más fuertemente que la otra.

Me veo como una persona:

1. ______ extrovertida, entusiasta
2. ______ crítica, conflictiva
3. ______ confiable, disciplinada
4. ______ ansiosa, fácilmente molesta
5. ______ abierta a nuevas experiencias, compleja
6. ______ reservada, tranquila
7. ______ simpática, cálida
8. ______ desorganizada, descuidada
9. ______ calmada, emocionalmente estable
10. _____ convencional, creativa

Resultados de esta escala

1 = Muy en desacuerdo
2 = En desacuerdo moderado
3 = Discrepo un poco
4 = Ni de acuerdo, ni en desacuerdo
5 = Un poco de acuerdo
6 = De acuerdo moderado
7 = Muy de acuerdo

Cómo calificar la evaluación

Necesitarás usar una pequeña cantidad de operaciones matemáticas, pero es sencillo. Sigue este modelo:

EJEMPLO: **Extroversión:**

Escribe tu respuesta a P1: 6

Resta tu respuesta a P6 de 8: 8 - 4 = 4

Suma los dos resultados: 6 + 4 = 10

Extroversión

Escribe tu respuesta a P1: _______

Resta tu respuesta a P6 de 8: 8 - _______ = _______

Suma los dos resultados: _______ + _______ = _______

Divide ese número por 2 para obtener tu puntaje de extroversión:

_______ ÷ 2 = ______

Confiabilidad

Escribe tu respuesta a P3: _______

Resta tu respuesta a P2 de 8: 8 - _______ = _______

Suma los dos resultados: _______ + _______ = _______

Divide ese número por 2 para obtener tu puntaje de confiabilidad:

_______ ÷ 2 = _______

Ansiedad

Escribe tu respuesta a P3: _______

Resta tu respuesta a P9 de 8: 8 - _______ = _______

Suma los dos números: _______ + _______ = _______

Divide ese número por 2 para obtener tu puntaje de ansiedad:

_______ ÷ 2 = ______

Simpatía

Escribe tu respuesta a P7: _______

Resta tu respuesta a P6 de 8: 8 - _______ = _______

Suma los dos resultados: _______ + _______ = _______

Divide ese número por 2 para obtener tu puntaje de simpatía:

_______ ÷ 2 = ______

Abierto a nuevas experiencias

Escribe tu respuesta a P5: _______

Resta tu respuesta a P10 de 8: 8 - _______ = _______

Suma los dos resultados: _______ + _______ = _______

Divide ese número por 2 para obtener tu puntaje de abierto a nuevas experiencias:

_______ ÷ 2 = ______

Notas

Prefacio

1. Un metaanálisis se encarga de revisar muchos estudios que se relacionan con un tema similar. El objetivo es ver si la conclusión encontrada en cada estudio es similar a las conclusiones encontradas en los demás. Si todos los estudios alcanzan una conclusión similar, hay pruebas sólidas de que el hallazgo es científicamente cierto.

Introducción

1. Alrededor del 25% es inteligencia. Frank L. Schmidt y John Hunter, "Generalidades de la habilidad mental en el mundo laboral: logros profesionales y desempeño laboral", *Journal of Personality and Social Psychology* 86, núm. 1 (2004): 162. Aproximadamente entre el 10% y el 20% son factores de personalidad. Murray R. Barrick, Michael K. Mount y Timothy A. Judge, "Personalidad y desempeño al inicio del nuevo milenio: ¿Qué sabemos y hacia dónde vamos ahora?", *International Journal of Selection and Assessment* 9, núm. 1-2 (2001): 9-30. Hasta el 5% son factores socioeconómicos y características físicas. Algunos de esos factores están correlacionados; cito cada hecho individual en otras partes del libro.

2. John E. Hunter, Frank L. Schmidt y Michael K. Judiesch, "Diferencias individuales en la variabilidad y complejidad de la producción en función del trabajo", *Journal of Applied Psychology* 75, núm. 1 (1990): 28.

3. Boris Groysberg, Jeremiah Lee, Jesse Price y J. Yo-Jud Cheng, "La guía del líder en la cultura corporativa", *Harvard Business Review,* enero-febrero 2018.

4. Tim Ferriss, "Relájate como un profesional: 5 pasos para hackear tu sueño" http://fourhourworkweek.com/2008/01/27/ relax- like- a- pro-5-stepsto- hacking-your-sleep /, consultado el 4 de agosto de 2017; Christopher Shea, "Inteligencia de estómago vacío", *New York Times Magazine,* 10 de diciembre de 186 2006, *http://www.nytimes.com/2006/12/10/magazine/10section1C.t-1. html? _r = 0.*

5. Malcolm Gladwell, *Outliers: The Story of Success* (Vancouver: Hachette, 2008).

6. David Z. Hambrick et al., "Practicando la rendición de cuentas para obtener un nivel rendimiento de experto: El diablo está en los detalles", *Intelligence* 45 (2014): 112–114.

7. M. J. Ree y J. A. Earles, "La inteligencia es el mejor predictor de desempeño en el trabajo", *Current Directions in Psychological Science* 1, núm. 3 (1992): 86–89.

8. Joseph D. Matarazzo, *Wechsler's Measure and Appraisal of Adult Intelligence*, 5ª ed. (Nueva York: Oxford University Press, 1972).

9. Huy Le et al., "Demasiada buena cosa: Las relaciones curvilíneas entre los rasgos de personalidad y el desempeño en el trabajo", *Journal of Applied Psicology* 96, núm. 1 (2011): 113.

10. B. W. Roberts y W. F. DelVecchio, "La consistencia del orden de rango de los rasgos de personalidad desde la infancia hasta la vejez: Una revisión cuantitativa de estudios longitudinales", *Psychological Bulletin* 126, núm. 1 (2000): 3.

11. Anne Case y Christina Paxson, "Estatura y estado: Altura, capacidad y resultados del mercado laboral", *Journal of Political Economy* 116, núm. 3 (2008): 499-532; Timothy A. Judge y Daniel M. Cable, "El efecto de la altura física en el éxito en el lugar de trabajo y los ingresos: Prueba preliminar de un modelo teórico", *Journal of Applied Psychology* 89, núm. 3 (2004): 428.

12. N. Gregory Mankiw y Matthew Weinzierl, "El impuesto óptimo de Height: Un estudio de caso de redistribución de los ingresos de los servicios públicos", *American Economic Journal: Economic Policy* 2, núm. 1 (2010): 155–176.

13. Timothy A. Judge, Charlice Hurst, y Lauren S. Simon, "¿Vale la pena ser inteligente, atractivo o seguro (o los tres)? Relaciones entre capacidad mental general, atractivo físico, autoevaluaciones básicas e Ingresos", *Journal of Applied Psychology* 94, núm. 3 (2009): 742; Judith H. Langlois et al., "¿Máximas o mitos de la belleza? Una revisión meta-analítica y teórica", *Psychological Bulletin* 126, núm. 3 (2000): 390.

14. Cort W. Rudolph, Charles L. Wells, Marcus D. Weller y Boris B. Baltes, "Metaanálisis de estudios empíricos de sesgo basado en el peso en el lugar de trabajo", *Journal of Vocational Behavior* 74, núm. 1 (2009): 1–10.

15. Aparna Joshi, Jooyeon Son y Hyuntak Roh, "¿Cuándo pueden las mujeres cerrar la brecha? Una prueba metaanalítica de las diferencias sexuales en el rendimiento y las recompensas", *Academy of Management Journal* 58, núm. 5 (2015): 1516-1545

16. Selcuk R. Sirin, "Estatus socioeconómico y rendimiento académico: Una revisión metaanalítica de la investigación", *Review of Educational Research* 75, núm. 3 (2005): 417-453.

17. Mark R. Leary, Ellen S. Tambor, Sonja K. Terdal y Deborah L. Downs, "La autoestima como monitor interpersonal: La hipótesis del sociómetro", *Journal of Personality and Social Psychology* 68, núm. 3 (1995): 518.

18. W. Keith Campbell y Constantine Sedikides, "La autoamenaza magnifica el sesgo de autoservicio: una integración metaanalítica", *Review of General Psychology* 3, núm. 1 (1999): 23–43.

19. Jerald M. Jellison y Jane Green, "Un enfoque de autopresentación en la atribución fundamental de error: La Norma de Internalidad", *Journal of Personality and Social Psychology* 40, núm. 4 (1981): 643.

20. Raymond S. Nickerson, "Sesgo de confirmación: Un fenómeno ubicuo en muchas fases", *Review of General Psychology* 2, núm. 2 (1998): 175.

21. V. M. Zatsiorsky y W. J. Kraemer, *Science and Practice of Strength Training* (Champaign, IL: Cinética Humana, 2006). Nota: Cambio de terminología de "*máximal*" a "*máximum*" para facilitar la comprensión.

Primer paso. Establece grandes metas

1. Edwin A. Locke, "Hacia una teoría de la motivación en las tarea e incentivos", *Organizational Behavior and Human Performance* 3, núm. 2 (1968): 157-189.

2. Timothy A. Juez y Remus Ilies, "Relación de personalidad en la motivación del rendimiento: una revisión metaanalítica", *Journal of Applied Psychology* 87, núm. 4 (2002): 797.

3. Edwin A. Locke y Gary P. Latham, "Construyendo una teoría práctica y útil sobre el establecimiento de objetivos y la motivación en las tareas: Una odisea de 35 años", *American Psychology* 57, núm. 9 (2002): 705.

4. Ibid.

5. Camille A. Olson y Gregory M. Davis, "Pros y contras del sistema de clasificación forzada y otros sistemas de clasificación de rendimiento relativo", *Society for Human Resource Management Legal Report,* marzo de 2003 (citando a Hay Group, "Lograr un desempeño sobresaliente a través de una 'cultura de diálogo'", documento de trabajo, 2002).

6. A. N. Kluger y A. DeNisi, "Los efectos de las intervenciones de retroalimentación sobre el rendimiento: una revisión histórica, un meta-análisis y una teoría preliminar de intervención de retroalimentación", *Psychological Bulletin* 119, núm. 2 (1996): 254–284.

7. Joel Brockner, William R. Derr y Wesley N. Laing, "Autoestima y reacciones a la retroalimentación negativa: hacia una mayor generalización", *Journal of Research in Personality* 21, núm. 3 (1987): 318-333.

8. Marshall Goldsmith, "Usando la prealimentación en lugar de la retroalimentación", *Journal for Quality and Participation* 8 (2003): 38-40.

Segundo paso. Compórtate como un vencedor

1. Eric Krangel, "Mark Cuban: Yahoo se equivocó porque Jerry es 'demasiado buena gente' (YHOO)", *Business Insider*, 29 de octubre de 2008,

http: //www.businessinsider.com / 2008/10 / mark- cuban- jerry- yang-isn-t-mean-enough-yhoo-.

2. Jay Yarow, "Jerry Yang está fuera", *Business Insider*, 17 de enero de 2012, http://www.businessinsider.com/jerry-yang-is-out-2012-1.

3. "Steve Jobs: un genio, pero un mal CEO", Inquirer.net, 25 de octubre de 2011, http://technology.inquirer.net/5713/steve-jobs-agenius-.

4. Brad Stone y Claire Cain Miller, "Jerry Yang, Jefe de Yahoo, salió de escena", *New York Times*, 17 de noviembre de 2008, http: //www.nytimes.com / 2008/11/18 / technology / companies / 18yahoo.html.

5. Timothy A. Judge, Joyce E. Bono, Remus Ilies y Megan W. Gerhardt, "Personalidad y liderazgo: Revisión cualitativa y cuantitativa", *Journal of Applied Psychology* 87, núm. 4 (2002): 765.

6. Mercer, Informe de la encuesta sobre la gestión del desempeño global 2013, https://www.mercer.com/content/dam/mercer/attachments/global/Talent / Assess-BrochurePerfMgmt.pdf.

7. Fabio Sala, "Puntos ejecutivos ciegos: discrepancias entre la autoestima y la autoevaluación o la evaluación hecha por otros", *Consulting Psychology Journal: Practice and Research* 55, núm. 4 (2003): 222.

8. Scott B. MacKenzie, Philip M. Podsakoff y Gregory A. Rich, "Liderazgo transformacional y transaccional y desempeño del vendedor", *Journal of the Academy of Marketing Science* 29, núm. 2 (2001): 115-134.

9. Robert B. Kaiser y Darren V. Overfi field, "Evaluando el liderazgo flexible como el dominio de los opuestos", *Consulting Psychology Journal: Practice and Research* 62, núm. 2 (2010): 105.

10. Kerry L. Jang, W. John Livesley y Philip A. Vemon, "Heredabilidad de las cinco grandes dimensiones de la personalidad y sus facetas: Un estudio de gemelos", *Journal of Personality* 64, núm. 3 (1996): 577-592.

11. Jule Specht, Boris Egloff y Stefan C. Schmukle, "Estabilidad y cambio de personalidad a lo largo del curso de la vida: El impacto de la edad y los eventos más importantes de la vida en los 'cinco grandes'", *Journal of Personality and Social Psychology* 101, núm. 4 (2011): 862.

12. Bernard M. Bass, Bruce J. Avolio, Dong I. Jung y Yair Berson, "Predicción del rendimiento mediante la evaluación del liderazgo transaccional", *Journal of Applied Psychology* 88, núm. 2 (2003): 207.

13. Timothy A. Judge y Ronald F. Piccolo, "Transformación y liderazgo transaccional: una prueba metaanalítica de su validez relativa", *Journal of Applied Psychology* 89, núm. 5 (2004): 755.

14. Los cuatro factores originales se etiquetaron nuevamente con el fin de facilitar su comprensión. Las etiquetas originales se encuentran en la obra de Bernard M. Bass y Bruce J. Avolio, *Improving Organizational Effectiveness through Transformational Leadership* (Thousand Oaks, CA: Sage, 1994).

15. Timothy A. Judge y Joyce E. Bono, "Cinco factores del modelo de personalidad y liderazgo transformacional", *Journal of Applied Psychology* 85, núm. 5 (2000): 751.

16. Steven N. Kaplan, Mark M. Klebanov y Morten Sorensen, "¿Qué características y habilidades del CEO son importantes?", *Journal of Finance* 67, núm. 3 (2012): 973–1007.

17. Justin Kruger y David Dunning, "Incompetentes y no lo saben: Cómo las dificultades en el reconocimiento de la propia incompetencia conducen a autoevaluaciones equívocas", *Journal of Personality and Social Psychology* 77, núm. 6 (1999): 1121.

18. Marshall Goldsmith, "Usando la prealimentación en lugar de la retroalimentación", *Journal for Quality and Participation* 8 (2003): 38-40.

Tercer paso. Crece más rápido

1. Sarah Lacy, "Peter Thiel: estamos en una burbuja y no es el internet. Es la educación superior", TechCrunch, 10 de abril de 2011, https://techcrunch.com/ 2011/04/10 / peter-thiel- were-in-a-bubble-and-its-not- the-internet- its higher-educación/.

2. La página de preguntas frecuentes de Thiel Fellowship, http: //thielfellowship.org/faq/, visitada 18 de agosto de 2017. 190

3. Ivy Coach, 2019 Ivy League Admissions Statistics, https: // www. ivycoach.com/2019-ivy-league-admissions-statistics/, consultado el 17 de agosto, 2017.

4. Michael Gentilucci, "Larry Summers Blasts Thiel Foundation "Compañerismo: La parte más mal dirigida de la filantropía en esta década", *In-side Philanthropy*, 16 de octubre de 2013, https://www.in-sidephilanthropy.com/ tecnología-filantropía / 2013/10/16 / larry-summers-blasts-thiel-foundationfellowship-single- most.html.

5. Tom Clynes, "Peter Thiel cree que deberías saltarte la universidad y él incluso te paga para que resuelvas tus problemas", *Newsweek*, 22 de febrero de 2017, http: // www. *newsweek*.com/2017/03/03/ peter-thiel-fe-llowship-college-highereducation- 559261.html.

6. Michael M. Lombardo y Robert W. Eichinger, *The Leadership Ma-chine* (Minneapolis: Lominger, 2005).

7. Ilana Kowarski, "Mapa: Dónde obtuvieron su MBA los CEO de *For-tune 100*", *US News and World Report,* 21 de marzo de 2017, https://www. usnews.com/ educación / best- graduate- schools / top- business- schools / articles / 2017-03-21 / map- where- fortune- 100- ceos- won- mbas.

8. Marshall Goldsmith, *What Got You Here Won't Get You There: How Successful People Become Even More Successful* (Nueva York: Profile Books, 2010).

Cuarto paso. Conéctate

1. "La edad de la pirámide del Capitolio: El Congreso de Graying", *Wall Street Journal*, http://online.wsj.com/public/resources/documents/ info-CONGRESS_AGES_1009.html, accedido el 25 de julio de 2017.

2. Diane Coutu, "Lecciones sobre el poder: Revelaciones de Lyndon Jo-hnson", *Harvard Business Review*, abril de 2006, https://hbr.org/2006/04/ lessonsin- poder- lyndon- johnson- revelado.

3. Ko Kuwabara, Claudius Hildebrand y Xi Zou, "Teorías laicas de las re-des: cómo afectan las creencias de los laicos sobre las redes, sus actitudes y

su compromiso hacia las redes instrumentales", *Academy of Management Review* 43, núm. 1 (2016), doi: 10.5465 / amr. 2015.0076.

4. Bob Morris, "Jeffrey Pfeffer en Liderazgo BS: Una entrevista realizada por Bob Morris", *Blogging on Business,* 28 de febrero de 2016, https: // bobmorris. biz / jeffrey- pfeffer-on-leadership- bs-an-son-by-bob-morris.

5. Sandy J. Wayne y Robert C. Liden, "Efectos de la gestión de impresión de las calificaciones de desempeño: un estudio longitudinal", *Academy of Management Journal* 38, núm. 1 (1995): 232-260.

6. Neville T. Duarte, Jane R. Goodson y Nancy R. Klich, "¿Cómo hago para que me agrade? Permíteme evaluar diversas maneras de lograrlo", *Journal of Organizational Behavior* 14, núm. 3 (1993): 239–249.

7. Ralph Katz, Michael Tushman y Thomas J. Allen, "La influencia de la supervisión en la promoción y ubicación de la red en carreras subordinadas en un entorno de RD&E de doble escala", *Management Science* 41, núm. 5 (1995):848–863.

8. Scott E. Seibert, Maria L. Kraimer, y Robert C. Liden, "Una teoría social del capital de las carreras de éxito profesional", *Academy of Management Journal* 44, núm. 2 (2001): 219–237.

9. Rob Cross y Jonathon N. Cummings, "Los lazos y las redes se correlacionan con el rendimiento individual en el conocimiento del trabajo intensivo", *Academy of Management Journal* 47, núm. 6 (2004): 928-937.

10. Cameron Anderson, Sandra E. Spataro y Francis J. Flynn, "La personalidad y la cultura organizacional como determinantes de la influencia", *Journal of Applied Psychology* 93, núm. 3 (2008): 702.

11. Samuel Y. Todd, Kenneth J. Harris, Ranida B. Harris y Anthony R. Wheeler, "Implicaciones del éxito profesional de la habilidad política", *Journal of Social Psychology* 149, núm. 3 (2009): 279–304.

12. Chu- Hsiang Chang, Christopher C. Rosen y Paul E. Levy, "La relación entre las percepciones de la política organizacional y las actitudes, tensión y comportamiento del empleado: un examen meta-analítico", *Academy of Management Journal* 52, núm. 4 (2009): 779–801.

13. Edward E. Jones, Lloyd K. Stires, Kelly G. Shaver y Victor A. Harris, "Evaluación de un incursor por personas objetivo y espectadores", *Journal of Personality* 36, núm. 3 (1968): 349–385.

14. John S. Seiter y Eric Dutson, "El efecto de los halagos en el comportamiento de las propinas en los salones de peluquería", *Journal of Applied Social Psychology* 37, núm. 9 (2007): 1999-2007.

15. Elaine Chan y Jaideep Sengupta, "En verdad, las falsas adulaciones funcionan: una perspectiva de la doble actitud", *Journal of Marketing Research* 47, núm. 1 (2010): 122-133.

16. Mark C. Bolino y William H. Turnley, "Más de una manera de causar una buena impresión", *Journal of Management* 29, núm. 2 (2003): 141-160.192

17. Alvin W. Gouldner, "La norma de la reciprocidad: una declaración preliminar", *American Sociological Review* 25, núm. 2 (1960): 161-178.

18. Seibert et al., "Una teoría del capital social del éxito profesional".

19. Jens B. Asendorpf y Susanne Wilpers, "Efectos de la personalidad en las relaciones sociales", *Journal of Personality and Social Psychology* 74, núm. 6 (1998): 1531.

20. Joel M. Podolny y James N. Baron, "Recursos y relaciones: Redes sociales y movilidad en el lugar de trabajo", *American Sociological Review* 62, núm. 5 (1997): 673-693.

21. Thomas Gilovich, Victoria Husted Medvec, y Kenneth Savitsky, "El efecto centro de atención en el juicio social", *Journal of Personality and Social Psychology* 78, núm. 2 (2000): 211.

22. Nicholas Epley, Kenneth Savitsky y Thomas Gilovich, "Negligencia empática: conciliando el efecto centro de atracción y el sesgo de correspondencia", *Journal of Personality* and Social Psychology 83, núm. 2 (2002): 300.

23. Thomas V. Pollet, Sam G. B. Roberts y Robin I. M. Dunbar, "Los extravertidos tienen redes sociales más grandes", *Journal of Individual Differences* 32, núm. 3 (2011).

Quinto paso. Maximiza tu capacidad de adaptación

1.Richard Foster y Sarah Kaplan, *Creative Destruction: Why Companies That Are Built to Last Underperform the Market– and How to Successfully Transform Them* (Nueva York: Crown Business, 2011).

2. Betsy Morris, "La historia real: ¿Cómo fue que la administración de Coca-Cola pasó de ocupa el primer lugar a hacer el ridículo en seis cortos años?", *Fortune*, 31 de mayo de 2004, pág. 84.

3. Bernard M. Bass, "Dos décadas de investigación y desarrollo en liderazgo transformacional", *European Journal of Work and Organizational Psychology* 8, núm. 1 (1999): 9–32.

4. Morris, "La historia real", 84.

5. Warren Bennis y James O'Toole, "No contrates al CEO equivocado", *Harvard Business Review,* mayo a junio de 2000, 170-176.

6. Timothy A. Judge, "Adaptación adecuada entre persona-organización y teoría del trabajo", *Journal of Vocational Behavior* 44, núm. 1 (1994): 32-54.

7. Michelle L. Verquer, Terry A. Beehr y Stephen H. Wagner, "Un metaanálisis de las relaciones entre la persona, la organización y las actitudes en el trabajo", *Journal of Vocational Behavior* 63, núm. 3 (2003): 473–489.

8. Hao Zhao, Scott E. Seibert y G. Thomas Lumpkin, "La relación de la personalidad con las intenciones empresariales y el rendimiento: un metarrevisión analítica", *Journal of Management* 36, núm. 2 (2010): 381–404.

9. Robert E. Quinn y Kim Cameron, "Los ciclos de vida organizacionales y los criterios cambiantes de la eficacia: Algunas pruebas preliminares", *Management Science* 29, núm. 1 (1983): 33–51.

10. Decir que quieres ser el mejor en todo lo que tendrías que hacer para ser más eficiente que tus competidores más eficientes y orientados a la eficiencia, como en ser más innovador que tus competidores más orientados hacia la innovación para tener éxito, simplemente, no es un enfoque sostenible a largo plazo. Stewart Thornhill y Roderick E. White, "Pureza es-

tratégica: Una evaluación de la industria versus las estrategias de los negocios. *Strategic Management Journal* 28, núm. 5 (2007): 553-561.

11. Bajo, "Dos décadas de investigación y desarrollo en el liderazgo transformacional".

12. Aparna Joshi y Hyuntak Roh, "El papel de la diversidad en el equipo de trabajo dentro de un contexto de investigación: Una revisión meta-analítica", *Academy of Management Journal* 52, núm. 3 (2009): 599-627.

Sexto paso. Finge nuevos comportamientos

1. Stephanie Cook Broadhurst, "Para este papel, el performer, literalmente, se muere de hambre", Christian Science Monitor, 27 de diciembre de 2002, https: //www.csmonitor.com / 2002/1227 / p15s01-almo.html.

2. Mark Snyder, "Procesos de autocontrol", *Advances in Experimental Social Psychology* 12 (1979): 85-128.

3. Adrian Furnham, "La personalidad y su correlación con el autocontrol: Relación entre extraversión, ser neurótico, el comportamiento Tipo A y la construcción de autocontrol de Snyder", *Personality and Individual Differences* 10, núm. 1 (1989): 35-42.

4. David V. Day, Deidra J. Shleicher, Amy L. Unckless, y Nathan J. Hiller, "Personalidad del autocontrol en el trabajo: una investigación metaanalítica sobre la vigencia de la construcción", *Journal of Applied Psychology* 87, núm. 2 (2002): 390.

5. Murray R. Barrick, Laura Parks y Michael K. Mount, "El automonitoreo como moderador de las relaciones entre rasgos de personalidad y performance", *Journal of Applied Psychology* 58, núm. 3 (2005): 745-767.

6. Fred Luthans, Richard Hodgetts y Stuart Rosenkrantz, *Real Managers* (Pensacola, FL: Ballinger, 1988).

7. Timothy A. Juez, Joyce E. Bono, Remus Ilies y Megan W. Gerhardt, "Personalidad y liderazgo: Revisión cualitativa y cuantitativa", *Journal of Applied Psychology* 87, núm. 4 (2002): 765.

8. Jeffrey Pfeffer, *Managing with Power: Politics and Influence in Organizations* (Boston: Harvard Business Press, 1992).

9. Christopher F. Karpowitz, Tali Mendelberg y Lee Shaker, "Desigualdad de género en la participación deliberativa", American Political Science Review 106, núm. 3 (2012): 533-547.

10. Fred Luthans, "Gerentes efectivos versus gerentes verdaderamente exitosos", Academy of Management Executive 2, núm. 2 (1988): 127-132.

11. Pfeffer, *Managing with Power.*

12. Jeffrey Pfeffer, *Power: Why Some People Have It– and Others Don't.* (Nueva York: HarperBusiness, 2010).

13. Timothy A. Judge y Robert D. Bretz Jr., "Influencia política, comportamiento y éxito profesional", *Journal of Management* 20, núm. 1 (1994): 43–65.

14. Luthans et al., *Real Managers.*

15. Mark A. Griffin, Sharon K. Parker y Claire M. Mason, "La visión del líder y el desarrollo del rendimiento adaptativo y proactivo: Un estudio longitudinal", *Journal of Applied Psychology* 95, núm. 1 (2010): 174.

16. Luthans, "Gerentes efectivos versus gerentes verdaderamente exitosos".

17. Angela Y. Lee y Aparna A. Labroo, "El efecto de lo conceptual y la fluidez de la percepción en la evaluación de la marca", *Journal of Marketing Research* 41, núm. 2 (2004): 151-165.

18. Chad A. Higgins, Timothy A. Judge y Gerald R. Ferris, "Influencia tácticas y resultados del trabajo: Un metaanálisis", *Journal of Organizational Behavior* 24, núm. 1 (2003): 89-106.

19. Pfeffer, *Power: Why Some People Have It– and Others Don't.* (Nueva York: HarperBusiness, 2010).

Séptimo paso. Involucra tu cuerpo

1. Allison G. Harvey, Kathleen Stinson, Katriina L. Whitaker, Damian Moskovitz, y Harvinder Virk, "El significado subjetivo de la calidad del sueño: Una comparación entre individuos con y sin insomnio", *Sleep* 31, núm. 3 (2008): 383-393.

2. Brett Litwiller, Lori Anderson Snyder, William D. Taylor y Logan M. Steele, "La relación entre el sueño y el trabajo: Un metaanálisis", *Journal of Applied Psychology* 102, núm. 4 (2017): 682–699.195

3. Junio J. Pilcher, Douglas R. Ginter y Brigitte Sadowsky, "Calidad de sueño versus cantidad de sueño: Relaciones entre el sueño y los niveles de salud, bienestar y somnolencia en estudiantes universitarios", *Journal of Psychosomatic Research* 42, núm. 6 (1997): 583-596.

4. Litwiller et al., "La relación entre el sueño y el trabajo".

5. Patrick H. Finan, Phillip J. Quartana y Michael T. Smith, "Los efectos de la interrupción de la continuidad del sueño en el estado de ánimo positivo y la arquitectura del sueño en adultos sanos", *Sleep* 38, núm. 11 (2015): 1735–1742.

6. Max Hirshkowitz et al., "Recomendaciones de la Fundación Nacional sobre la duración del sueño: Metodología y resumen de resultados", *Sleep Health* 1, núm. 1 (2015): 40–43.

7. Gandhi Yetish et al., "El sueño natural y sus variaciones estacionales en tres sociedades preindustriales", *Current Biology* 25, núm. 21 (2015): 2862–2868.

8. Yvonne Harrison y James A. Horne, "El impacto de la privación del sueño en la toma de decisiones: una revisión", *Journal of Experimental Applied Psychology* 6, núm. 3 (2000): 236.

9. Melinda Beck, "La élite que no duerme: Por qué algunas personas logran funcionar con pocas horas de sueño y logran ser muy productivas", *Wall Street Journal*, 5 de abril de 2011, https://www.wsj.com/articles/SB10001424052748703712504576242701752957910.

10. Michael T. Lin y otros, M. Flint Beal y David K. Simon, "Mutaciones somáticas del ADN mitocondrial en el Parkinson temprano e incidencias en la enfermedad del cuerpo de Lewy", *Annals of Neurology* 71, núm. 6 (2012): 850–854.

11. J. Horne, "El fin del sueño: la falta de sueño versus la adaptación biológica del sueño humano a las necesidades de trasnochar", *Biological Psychology* 87, núm. 1 (2011):1-14.

12. Gregory Belenky en al., "Patrones de la degradación del rendimiento y su restauración durante la restricción del sueño y la recuperación posterior", *Journal of Sleep Research* 12, núm. 1 (2003): 1–12.

13. Ester Zylber-Katz, Liora Granit y Micha Levy, "Relación entre las concentraciones de cafeína en plasma y saliva", *Clinical Pharmacology & Terapeutics* 36, núm. 1 (1984): 133-137.

14. Christopher Drake, Timothy Roehrs, John Shambroom y Thomas Roth, "Efectos de la cafeína en el sueño tomado 0, 3 o 6 horas antes de irse a la cama" *Journal of Clinical Sleep* Medicine 9, núm. 11 (2013): 1195–1200.

15. Ahmad Afaghi, Helen O'Connor y Chin Moi Chow, "Las comidas con alto índice glucémico de carbohidratos reduce el inicio del sueño", *American Journal of Clinical Nutrition* 85, núm. 2 (2007): 426–430.

16. S. H. A. Holt, H. J. Delargy, C. L. Lawton y J. E. Blundell, "Efectos de los desayunos altos en carbohidratos frente a los ricos en grasas sobre la sensación de plenitud y alerta, así como en la ingesta posterior de alimentos", *International Journal of Food Sciences and Nutrition* 50, núm. 1 (1999): 13-28.

17. James P. Burton, Jenny M. Hoobler y Melinda L. Scheuer, "Estrés laboral y supervisión abusiva", *Journal of Business and Psychology* 27, núm. 3 (2012):271-279.

18. Amber J. Tietzel y Leon C. Lack, "Beneficios a corto plazo de las siestas breves o largas después de la restricción nocturna del sueño", *Sleep* 24, núm. 3 (2001): 293–300.

19. Sara C. Mednick, Denise J. Cai, Jennifer Kanady y Sean P. A. Drummond, "Comparando los beneficios de la cafeína, las siestas y el placebo en la memoria verbal, motora y perceptiva", *Behavioral Brain Research* 193, núm. 1 (2008): 79-86.

20. Tom M. McLellan, John A. Caldwell y Harris R. Lieberman, "Una revisión de los efectos de la cafeína en los trastornos cognitivos, físicos y ocupacionales del rendimiento", *Neuroscience and Biobehavioral Reviews* 71 (2016): 294-312.

21. Crystal F. Haskell, David O. Kennedy, Keith A. Wesnes y Andrew B. Scholey, "Mejoras cognitivas y del estado de ánimo en los consumidores y no consumidores habituales de cafeína", *Psychopharmacology* 179, núm. 4 (2005): 813-825.

22. Yu- Kai Chang, J. D. Labban, J. I. Gapin y Jennifer L. Etnier, "Efectos del ejercicio de impacto en el rendimiento cognitivo: Un metaanálisis", *Brain Research* 1453 (2012): 87-101.

23. Charles H. Hillman, Kirk I. Erickson y Arthur F. Kramer, "Sé Inteligente, ejercita tu corazón: Efectos del ejercicio sobre el cerebro y la inteligencia", *Nature Reviews Neuroscience* 9, núm. 1 (2008): 58-65.

24. Chang et al., "Los efectos del ejercicio fuerte en el rendimiento cognitivo: Un metaanálisis".

25. Ibid.

26. Ibid.

27. Ibid.

Octavo paso. Evita las distracciones

1. Robert E. Kaplan y Robert B. Kaiser, *Fear Your Strengths: What You Are Best at Could Be Your Biggest Problem* (San Francisco: 197 Berrett-Koehler Publishers, 2013); Silvia Moscoso y Jesús F. Salgado, "Los diversos lados oscuros de la personalidad como predictores del rendimiento en las tareas y en otros contextos", *International Journal of Selection and Assessment* 12, núm. 4 (2004): 356-362.

2. D. L. Joseph, J. Jin, D. A. Newman y E. H. O. Boyle, "¿Por qué la inteligencia emocional autoinformada predice el desempeño laboral? Una metainvestigación analítica de la IE mixta", *Journal of Applied Psychology* 100 (2015): 298–342.

3. Tomas Chamorro- Premuzic, "La inteligencia emocional no es del todo total B.S.", *Talent Quarterly*, núm. 14 (agosto de 2017): 41–43.

4. Joseph et al., "¿Por qué la inteligencia emocional autoinformada predice el desempeño en el trabajo?", 298.

5. D. L. Joseph y D. A. Newman, "Inteligencia emocional: Un metaanálisis integrativo y modelo en cascada", *Journal of Applied Psychology* 95, núm. 1 (2010): 54.

6. Anders Ericsson y Robert Pool, "Malcolm Gladwell nos malinterpretó: Nuestra investigación fue clave para la Regla de las 10.000 horas, pero aquí está sobre amplificado lo que se obtuvo", *Salon*, 10 de abril de 2016, http://www.salon.com/2016/ 04/10 / malcolm_gladwell_got_us_wrong_ our_research_was_ key_ to_the_10000_hour_rule_but_heres_what_ got_oversimplifi ed /.

7. David Z. Hambrick, Erik M. Altmann, Frederick L. Oswald, Elizabeth J. Meinz, Fernand Gobet y Guillermo Campitelli, "Practicando la rendición de cuentas para obtener un nivel rendimiento de experto: El diablo está en los detalles", *Intelligence* 45 (2014): 112-114.

8. Angela Duckworth, *Grit: The Power of Passion and Perseverance* (Nueva York: Simon and Schuster, 2016).

9. M. Credé, M. C. Tynan, y P. D. Harms, "Mucho ruido con respecto a la determinación: Una síntesis meta-analítica de la literatura sobre el tema de la determinación", *Journal of Personality and Socia Psychology* 113, núm. 1 (2017).

10. Bill George, "La verdad sobre líderes auténticos", Harvard Business School Working Knowledge, 16 de julio de 2016, http://hbswk.hbs.edu/ item/the-truth-about-authentic-leaders#comments.

11. ToddSchofi eld, "Cómo adoptar la mentalidad de Silicon Valley", Standar Chartered, Beyond Borders, https://www.sc.com/BeyondBorders/ adoptsilicon-valle- mentalidad /.

12. Heidi Grant y Carol S. Dweck, "Clarificando los objetivos de logro y su impacto", *Journal of Personality and Social Psychology* 85, núm. 3 (2003): 541.

13. Carol S. Dweck y Ellen L. Leggett, "Un enfoque sociocognitivo de la motivación y la personalidad", *Psychological Review* 95, núm. 2 (1988): 256.

14. Ian J. Deary et al., "La estabilidad de las diferencias individuales en la salud mental y en las habilidades desde la infancia hasta la vejez: Seguimiento de la encuesta sobre la mentalidad escocesa de 1932", *Intelligence* 28, núm. 1 (2000): 49-55.

15. Kira O. McCabe, Nico W. Van Yperen, Andrew J. Elliot y Marc Verbraak, "Los cinco grandes perfiles de personalidad en el contexto de logros específicos", *Journal of Research in Personality* 47, núm. 6 (2013): 698-707.

16. Dana R. Carney, Amy J. C. Cuddy y Andy J. Yap, "Posturas de poder: Las exhibiciones no verbales breves afectan los niveles neuroendocrinos y pone en riesgo la capacidad de tolerancia", *Psychological Science* 21, núm. 10 (2010): 1363-1368.

17. Maquita Peters, coautora de *Power Poses*: "No creo que los efectos son reales", Radio Pública Nacional, 1 de octubre de 2016, http: //www. npr.org/2016/10/01/496093672/ power- poses- co-author- i- donot-believe-the-effects-are-real; Eva Ranehill et al., "Evaluación de la robustez de la postura de poder: Ningún efecto sobre las hormonas y el riesgo de la tolerancia en una muestra amplia de hombres y mujeres", *Psychological Science* 26, núm. 5 (2015): 653-656.

Apéndice

1. Samuel D. Gosling, Peter J. Rentfrow y William B. Swann, "Una muy breve medida de los cinco grandes rasgos de la personalidad", *Journal of Research in Personality* 37, núm. 6 (2003): 504–528.

Sobre el autor

MARC EFFRON es el fundador y Presidente de Talent Strategy Group, donde él lidera en temas como la consultoría global, la educación, temas ejecutivos y la publicación de negocios. Entre sus clientes se encuentran las organizaciones más grandes y complejas del mundo en los sectores no lucrativos y de las ONG. El enfoque de su firma en la gestión del talento, tal como se expone en sus libros y su consultoría, es la simplicidad basada en la ciencia.

Fundó la revista *Talent Quarterly* y es coautor del *bestseller* de *Harvard Business Review Press*, *One Page Talent Management*. También cofundó Talent Management Institute en la Universidad de Carolina del Norte. Antes de formar Talent Strategy Group, Marc se desempeñó como Vicepresidente de Gestión de Talento de Avon Products y lideró a nivel global la práctica de consultoría en Aon Hewitt. También fue Vicepresidente Sénior, Director de Desarrollo de Liderazgo en el Banco de América y asistente de un miembro del Congreso. Marc es un orador muy solicitado en temas relacionados con gestión de talento y liderazgo.